1611

L'ESPAGNE PICARESQUE

L'Espagne Picaresque,

par

Édouard Diaz,

PARIS

A. CHARLES, LIBRAIRE-ÉDITEUR

8, Rue Monsieur le Prince

—

1897

Tous droits réservés

A

FÉLICIEN CHAMPSAUR

Au Maître et au Camarade

Édouard DIAZ.

Aux Gueux d'Espagne

présents et a venir, SALUT

et fraternel envoi de ces pages qui leur parviendront, un jour, autour de la pincée d'olives ou du morceau de morue sèche, aumône traditionnelle des épiciers de tras los montes.

Édouard DIAZ.

Paris, 18 février 1897.

L'ESPAGNE PICARESQUE

I

Premières étapes. — Les Serenos. *— Il n'y a plus de Pyrénées. — On demande des hidalgos. — Un ami de la France. — Amours de bohème. —* Toros *et* toreros. *— Chez Guignol. — Rue du Medio dia. — Gaudissart neveu. — L'opéra national. — La politique et l'armée. — « Huc ! español ! »*

Un contrebandier catalan qui, sa pacotille écoulée à Banyuls-sur-mer, regagne pédestrement l'Espagne, me pilote au travers du réseau confus des sentiers escarpés de l'Albère. Après trois heures d'ascensions scabreuses et de folles descentes, nous atteignons un plateau anfractueux et aride, généreusement caressé par l'aigre tramontane.

— Nous voici en Espagne ! murmure mon guide en indiquant du doigt une misérable hutte de pierres sèches, portant, au front de son unique ouverture, l'enseigne commune à tous les débits de tabacs de la péninsule : *Estanco nacional.*

Du seuil de cet établissement équivoque, le tenancier, gros homme à la trogne apoplectique et glabre, échange un mystérieux coup d'œil avec mon compagnon de route.

— Silence ! murmure-t-il, les *carabineros* — douaniers — sont-ici.

Deux maigres et bruns gabelous, couchés le long du mur de la *venta*, daignent interrompre leur sieste et s'avancent vers nous d'un pas nonchalant.

— Rien à déclarer, *señores*? bâille l'un d'eux.
— Rien.
— Voyons ?

La visite très superficielle de mon léger bagage opérée, ces messieurs acceptent, non sans cérémonie, un verre d'atroce *aguardiente* à base de vénéneux trois-six prussien. Nous causons pendant que le patron de la *venta* procède, avec une lenteur désespérante, au change de l'écu que je viens de jeter sur son comptoir poisseux.

Les *carabineros* sont mécontents de tout,

de leur isolement dans ce paysage de pierre, du chaud, du froid, de la Constitution, du ministère, et surtout de leur solde.

— Il faut mourir de faim, me dit le brigadier — *cabo* — pour en descendre à faire un métier comme le nôtre. Dix *reales*, cinquante misérables sous, pas un *cuarto* de plus, telle est la paye quotidienne des tristes gabelous de Sa Majesté Catholique. Il est vrai que le casuel des prises s'ajoute, en principe, à ce pauvre salaire; mais les contrebandiers sont de fines mouches, et quand, grâce à Dieu, nous opérons quelque heureuse capture, nos chefs s'adjugent cyniquement le plus net de la prime. Triste, n'est-ce pas? *señor*. Réduits à des émoluments dérisoires, nombre de nos camarades ne se font pas scrupule de prélever sur les convois de contrebande une dîme extra-administrative débattue parfois à l'amiable, souvent à coup d'espingoles et de *navajas*. Qui pourrait blâmer les infortunés soldats du fisc de ces pratiques cavalières? ajoute le *cabo* avec un soupir. On est chrétien, fidèle sujet et père de famille : il faut bien vivre !

Mon écu transmué en malpropre billon catalan et en piécettes frustes de titre douteux, je souhaite beau temps et bonnes prises aux *carabineros*, que nous laissons à leur ingrate besogne.

La descente du versant espagnol « va de cire » sur des pistes croulantes, serpentant à travers des taillis de chênes-liège et de micocouliers, coupés de maigres pâturages et de champs de seigle lilliputien. A Espolla, hameau noir et sordide qui paraît veuf de ses habitants, je me sépare de mon guide et m'aventure dans le lit caillouteux d'un torrent qui mène en droite ligne aux premières maisons du faubourg de Figueras, capitale de la riche plaine de l'Ampurdan.

Cette petite ville animée et commerçante n'offre d'autres curiosités que son imposante citadelle, autrefois réputée imprenable, et le quartier subjacent fertile en

> *... lieux de mauvais renom,*
> *Où jamais femme n'a dit non.*

Pour la première fois j'entends chanter les heures par les *serenos* ou gardes de nuit.

Alabado sea el santo nombre de Dios!.... las tres ! — Que le saint nom de Dieu soit loué! .... trois heures! psalmodie le *sereno* d'une voix grave et sur un mode liturgique. Une heure s'écoule; le pas pesant et cadencé du garde de nuit sonne de nouveau sur le pavé de la rue déserte et un cri, frère du précédent, vous informe qu'il est quatre heures. Ces clameurs se répètent ainsi à intervalles égaux jusqu'à ce qu'il plaise à l'aurore de vous délivrer de ce supplice intermittent.

Dans la plupart des grandes villes, les *serenos* détiennent la clef de chaque porte d'entrée des maisons de la *manzana*, ou îlot d'immeubles placé sous leur garde, et exercent, à partir de dix heures du soir, les délicates fonctions de concierge. Le citadin, rentrant du théâtre, d'un rendez-vous d'affaires ou d'amour, ne saurait réintégrer son logis sans l'intervention obligée de ces pipelets d'un nouveau genre. J'ai entendu dire, — est-ce une calomnie? — que ces nocturnes policiers dont le plus clair revenu consiste dans la taxe dont ils frappent les retardataires, taxe variable selon l'heure et les circonstances de la perception, ouvraient volontiers à des larrons amis la porte des immeubles soumis à leur surveillance, moyennant une remise proportionnée à l'importance « du travail ».

La formule du chant des gardes de nuit varie avec les provinces. Dans la Catalogne, l'*alabado sea...* domine ; en Castille et au midi de l'Espagne, c'est un onctueux et caressant *Ave Maria purisima* qui jouit du déplorable privilège de troubler le sommeil des petits-fils du Cid Campeador et de leurs hôtes.

Six heures ! Enfin, la dernière mélopée du *sereno* s'envole dans un ciel gris chargé de gros nuages ; le vent souffle en tempête, il pleut à verse. Le climat de la péninsule fait faillite à son légendaire programme de beau fixe.

Malgré pluie et rafales, je me mêle à la foule bruyante et affairée des ruraux amenés à Figueras par le marché hebdomadaire. La capitale de l'Ampurdan est dépourvue de couleur locale. Comme leurs congénères du Languedoc et du Roussillon, les paysans catalans traînent des pantalons à pied et portent la blouse bleue ou le veston de laine.

Sur le vaste champ de foire, c'est un océan houleux de casquettes banales et ternes, de feutres gris à larges bords, que pique çà et là, comme de monstrueux coquelicots, la pourpre *barretina* de quelque ami du bon vieux temps, réfractaire, comme ils disent ici, à *la moda* de Paris.

Avec le costume national, les terriens de l'Ampurdan ont renoncé à l'usage du rasoir. Crinières hirsutes, barbes romantiques dominent sur la place. Le port de « l'attribut de la toute puissance » autrefois réservé aux grands seigneurs — *ricos hombres* — s'est démocratisé et tend à devenir d'un usage général chez les travailleurs agricoles et les artisans. De même qu'en France, où la liberté de la barbe a suivi la révolution de février et l'établissement du suffrage universel, l'entier développement du système pilaire a coïncidé, chez nos voisins, avec la diffusion des doctrines républicaines et socialistes. Aujourd'hui l'on peut mesurer avec une rigueur mathématique le degré d'émancipation intellectuelle et de foi démocratique du citoyen espagnol à la longueur et à l'état de culture de sa barbe.

Aux *serenos*, à la monnaie, au patois près, et encore! la Catalogne continue le midi de la France, avec son urbanité et son exubérance de gestes en moins. Suis-je à Béziers, à Lunel, à Perpignan? Peut-être? A coup sûr, je ne suis pas en Espagne. Le Roi-Soleil disait juste : il n'y a plus de Pyrénées !

O Quijote ! Dulcinea ! Basile ! Don César ! dans quel fantastique Barataria l'industrialisme moderne vous a-t-il relégués ? Il me faudra user plus d'une paire d'espadrilles sur le sol raboteux du royaume de sa très chrétienne Majesté Alphonse XIII, avant de découvrir dans quelque coin de *sierra*, vierge encore du pic sacrilège des entrepreneurs de *ferro-carriles*, l'adorable décor de la comédie espagnole et ses acteurs ordinaires : Rosine, échappée à la jalouse surveillance de l'affreux Bartholo, écoutant au balcon l'éternelle sérénade de l'amoureux Lindor ; le bandit tragique demandant fièrement l'aumône, escopette au poing ; le fringant *torero* courant au rendez-vous de la folle *manola* ou de la capricieuse *marquesa* ; le *padre* au chapeau hyperbolique et l'*alguazil* bouffon, glissant comme des ombres sur le pavé disjoint de la rue morne et herbeuse.

L'Espagnol d'opéra-comique, le héros solennel et galant des romans d'aventures, a cédé le pas aux locomotives et aux usines crachant, sans repos ni trêve, leurs fumées poussiéreuses et nauséabondes à la face du ciel attristé. Par ces temps de prose, une cigarette, même accompagnée d'irrésistibles pizzicati de guitare, semblerait maigre ordinaire au plus authentique des hidalgos. Je ne vois autour de moi que gens qui labourent, piochent, sèment, récoltent, forgent, négocient, mangent à leur faim et ne boudent contre leur estomac que contraints et forcés. D'honnêtes cantonniers empierrent, sans risque de fluxion de poitrine, d'excellentes routes, auxquelles il ne manque, à la vérité, que des ponts, et, malgré un horaire fantaisiste, les trains circulent librement sans que des malfaiteurs, barbouillés de suie et armés de tromblons extravagants, essayent de mettre obstacle à leur allure majestueuse.

C'est à dégoûter le touriste le plus enthousiaste de la chasse au pittoresque et à l'inédit.

1.

Je me suis arrêté, à trois lieues de Gerona, au petit village de Vidrieras, bâti sur la bordure d'une épaisse forêt qui déroule ses massifs de chênes-liège et d'arbousiers jusqu'aux falaises de la côte méditerranéenne. Pour éviter l'obsédante interview d'un hôtelier bavard, je me donne la qualité vulgaire de courtier en bouchons. L'*alcalde* — maire — prévenu de mon arrivée vient me rendre une visite de courtoisie.

L'honorable magistrat municipal a voyagé : il connaît Perpignan, Narbonne, et, plus heureux que le paysan légendaire de Gustave Nadaud, il a même vu Carcassonne. C'est un gallophile convaincu. « J'aime beaucoup la France, me dit ce brave homme, et si, parmi les Français qui, depuis bientôt trente ans, se sont rués à la conquête industrielle et commerciale de notre pays, j'ai rencontré force coquins, je dois rendre un juste hommage au génie inventif et à la vivacité d'esprit de vos compatriotes. C'est à eux que nous devons nos premières lignes ferrées, l'installation de nos usines, l'ouverture de débouchés commerciaux. Et puis, quels incomparables maîtres dans l'art de la chansonnette et de la sophistication des vins ! »

Je ne sais à quelle occasion le *pueblo* de Vidrieras est en fête. Sur la place publique les danses vont leur train au son vieillot d'une musette. Entraîné, malgré mes protestations, dans la farandole, j'en appelle à mes souvenir classiques de Bullier. Ma chorégraphie décadente fait sensation. Le bal se termine par un quadrille général de toute la population valide aux accents belliqueux de la... *Marseillaise*.

L'*alcalde*, devenu très communicatif, me confesse qu'il est libéral, *muy liberal* même, et partisan de réformes, radicales. Sur le seuil de mon auberge, le président de l'*ayuntamiento* — municipalité — se risque à me demander mystérieusement des nouvelles de MM. Clémenceau et Henri Rochefort. Il me quitte tout heureux d'être rassuré sur l'état de santé de ces deux éminents hommes d'Etat.

J'ai rejoint la route royale, sous une pluie battante, par un chemin vicinal défoncé, noyé, haché de fondrières. A une lieue de Vidrieras, autre guitare. Un *barranco* —

torrent — d'ordinaire à sec, roule, en grondant, ses eaux tumultueuses ; le pont indiqué par la nature des choses est encore à l'état de projet dans les cartons du ministère des travaux publics. Que faire ?

A l'exemple de Calino, faut-il attendre avec philosophie que le torrent ait fini de s'écouler vers la mer ? Risquerai-je la traversée dangereuse d'eaux furieuses et traîtresses ?

Placé entre ces deux alternatives, comme l'âne de feu Buridan entre deux égaux picotins d'avoine, j'hésite à prendre parti, quand des cris de détresse, poussés à cent pas en aval, décident de ma détermination.

Accrochées aux ridelles d'une méchante carriole, deux femmes sont entraînées par le courant. Je me précipite au-devant des naufragées, et, saisissant d'une main ferme la bride du maigre cheval à demi submergé, je parviens à ramener l'équipage dans la ligne du gué. Revenues de leur stupeur, les passagères, bohémiennes du plus pur type *calli*, poussent courageusement aux roues ; Rossinante donne un suprême coup de collier et nous débarquons sur la grève, mais dans quelle pitoyable tenue, justes dieux !

Je coupe court aux congratulations des brunes donzelles qui me couvrent les mains de chauds baisers en appelant sur moi et ma postérité les bénédictions de tous les saints de leur paradis.

— Où est ton *rom ?* — mari — dis-je à la plus jeune des gitanas, étrange beauté à l'œil voluptueux et cruel.

— Je n'en ai pas, je suis maîtresse de mon corps, répond-elle avec l'énigmatique sourire de loup particulier aux gens de sa race ; — commande : Faustina ta servante t'obéira.

Ne voulant pas poser aux yeux des naturels du pays pour le dernier survivant du radeau de la Méduse, j'invite la bohémienne à faire sécher mes vêtements et envoie sa camarade, noire et hideuse sorcière, chercher des vivres à un *pueblo* voisin dont on aperçoit le clocher à l'horizon.

La carriole remisée sous un épais bosquet de chênes verts, Rossinante rendue à la liberté, je m'arrange à l'intérieur de la maison roulante une façon de cabinet de toilette où je dépouille mes habits et mon linge saturés et vaseux que je livre aux bons offices de Faustina.

Dans l'après-midi, le ciel prend pitié de mon infortune. L'averse cesse et le soleil, dispersant les nuages, apporte sa précieuse collaboration à ma blanchisseuse de rencontre. Mes hardes séchées, ou à peu près, je puis décemment sortir de ma prison.

N'ayant qu'une médiocre confiance dans le talent culinaire des *zingaras*, je me charge de l'apprêt des victuailles que la vieille vient d'apporter. En un tour de main je vide, flambe, dépèce et fais sauter un poulet que nous mangeons dans l'unique plat du ménage bohémien, à la clarté fumeuse d'un feu de branches vertes. La vieille, à qui je n'ai ménagé ni le vin ni la pitance, s'est endormie, le nez dans ses jupes. Faustina la secoue rudement et marmotte en dialecte *rommanni* quelques brèves paroles, un ordre certainement. La sorcière se lève et va se blottir en grognant sous la carriole.

— Il fera froid cette nuit, *compañero*, fait brusquement la bohémienne, rentrons. Demain matin, je te dirai la *baji* — bonne aventure.

En attendant la bonne aventure, à laquelle je ne crois guère, j'accepte volontiers celle où la reconnaissante fille des *Romés* me pousse, et je m'insinue à sa suite dans la roulotte. La couchette est dure, étroite en diable, mais les voisins ne nous gênent pas et ma camarade tient si peu de place !

— Quel malheur, soupire l'ardente *flamenca*, que tu sois *payo* — étranger — je t'aurais volontiers pris pour mon *rom*.

Aussi séduisante que soit Faustina, je me réjouis de ma qualité de *payo*, qui rend impossible entre nous toute union définitive ou durable ; l'exercice des droits d'époux temporaire a suffi à ma modeste ambition. Je donne une suprême accolade à ma *romi* d'un jour et mets une piécette dans la main ridée de la duègne. La route de Barcelone allonge devant moi son clair ruban à travers les chênes. Adieu, mes amours de bohème ! Je suis parti.

Avez-vous vu dans Barcelone
Une Andalouse au teint bruni ?
C'est ma maîtresse, ma lionne,
La marquesa d'Amaëgui.

Ma foi non ! Il y a beau temps que l'Andalouse du poète a fui devant l'invasion des immeubles de rapport — eau et gaz à tous les étages — et que les grêles pizzicati des sérénades se sont perdus dans le sourd bruissement des usines et le roulement brutal des tramways. Le vent de civilisation qui, depuis vingt ans, souffle du nord sur Barcelone, a transformé cette « fleur des belles cités du monde » en un petit Marseille auquel ne manque même pas sa Cannebière, le boulevard de la Rambla.

En revenant du cimetière, curieuse nécropole où les cercueils superposés sont encadrés dans de hautes et épaisses murailles, comme au Campo Santo de Pise, j'ai voulu voir la *plaza de toros*. C'est jour de courses. Le vaste amphithéâtre, construit en planches barbouillées d'une ignoble couleur sang de bœuf, est presque vide de spectateurs ; les toréadors sont médiocres et les bêtes détestables. Un aimable *caballero* m'apprend que le goût des Barcelonais pour les jeux tauromachiques va diminuant.

Sous prétexte que les taureaux, « comme les

chevaux, vivent, sont élevés et se reproduisent par les soins de l'homme, et doivent être, par suite, rangés dans la catégorie des animaux domestiques, » d'ardents zoophiles poursuivent, depuis quelques années, en Espagne et en France, l'abolition des courses de taureaux.

« Supprimer les courses, objectent, après Edgard Quinet, les partisans de ces jeux héroïques, c'est ouvrir notre pays aux fadeurs et aux obscénités de l'opérette et du café-concert ! Ce spectacle, si fort enraciné dans les mœurs, n'est pas un amusement. C'est une institution. Elle tient au fond même de l'esprit du peuple espagnol. Elle fortifie, elle endurcit, elle ne corrompt pas. Qui sait si les plus fortes qualités de ce peuple ne sont pas entretenues par l'émulation des *toreros*, le sang-froid, la ténacité, l'héroïsme, le mépris de la mort? Dans les légendes du Nord, Siegfried, pour être invincible, se baigne dans le sang du monstre. »

« Ni le souffle du Midi, ni la galanterie des Maures, ni le régime monacal n'ont pu amollir l'Espagne, depuis qu'elle reçoit l'éducation du Centaure. De combien de jeux dissolus ces jeux robustes ne l'ont-ils pas préservée ? Le taureau a toujours combattu avec elle. Ornez son front d'une devise d'or et d'argent. Il a vaincu Mahomet, Philippe II, Napoléon. »

Le couplet est éloquent, mais d'une vérité outrancière et douteuse.

Expliquer le courage militaire et l'esprit chevaleresque de l'Espagnol par « l'éducation du Centaure » est aussi absurde que d'attribuer la prospérité industrielle et la stabilité des institutions politiques de l'Angleterre à la pratique de la boxe, la manie des *steeple-chase* et la passion de John Bull pour le gin et le whisky.

Vestiges des mœurs héroïques et barbares des anciens âges, les courses de taureaux, qui, à la vérité, ont entretenu, en l'aiguisant jusqu'à la férocité froide, l'instinct guerrier de la race celtibère, ne sont ni une école de patriotisme, ni un spectacle moralisateur. Cependant l'heure ne nous paraît pas encore venue de livrer les arènes aux entrepreneurs de démolition. Nous dirons plus : il y aurait légèreté et imprévoyance à supprimer d'un trait des jeux qui, de ce côté-ci des Pyrénées, n'ont pas épuisé tout rôle social.

Débarrassées de leurs côtés répugnants et cruels, chevaux éventrés, taureaux livrés à la férocité des dogues ou à la maladresse d'odieux coupe-jarrets, les *corridas* nous paraissent constituer une puissante école d'entraînement héroïque et la plus énergique préparation au mépris souverain de la souffrance et de la mort.

En dépit d'un réseau universel de voies de communications rapides et d'un étalage hypocrite d'idées de fraternité et de paix, les nations modernes s'épuisent en armements monstrueux, prodromes manifestes d'une conflagration générale et imminente.

A la veille des inéluctables et sanglants conflits que le militarisme prépare à l'Europe, il n'est peut-être pas d'une mauvaise politique d'habituer les soldats des futures batailles à l'action véhémente et à la vue des tueries, si l'on veut qu'ils soient prêts à verser héroïquement leur sang à l'heure du péril personnel ou du danger de la patrie.

Le théâtre de Guignol m'a consolé de ce fantôme de *corrida*. Dans l'arrière-boutique d'un bar du quartier de l'*Hospital* se dresse la minuscule scène sur laquelle, selon les promesses de l'affiche, doit être donnée à *las ocho en punto* — huit heures précises — la représentation de la *Tempête*, drame mêlé de chant. Public nombreux et peu choisi : portefaix, filles publiques, marlous à rouflaquettes. Ce joli monde boit, fume, vocifère ; le vacarme ne cesse qu'aux solennels trois coups annonçant le lever du rideau.

Il y a beaucoup d'entente scénique dans l'adaptation catalane de l'œuvre de Shakespeare, jouée par de très alertes marionnettes. *Cristoful,* le frère de notre Guignol, flanqué de son inséparable compère le *Gallego* — Gnafron — brode de truculentes arabesques sur le fond de la pièce. C'est un étourdissant feu d'artifice de farces obscènes, de coups de trique, de lazzi à l'emporte-pièce. Cet amusant spectacle rappelle, par sa verve licencieuse et son esprit satirique, le répertoire de l'ancien théâtre de *Karagh'euz* ou Garagousse d'Alger, supprimé, quelques années après la conquête française par un gouverneur général pudibond.

Je vais terminer ma soirée dans la rue du *Medio dia*. Cette rue étroite, bordée de maisons hautes et noires, est le quartier général de la crapule, de la mendicité, de la prostitution et du crime, le laboratoire mystérieux où se préparent les méfaits. Nuit et jour, hôtels borgnes, tripots, tavernes, lupanars, sont le théâtre de rapines, de débauches immondes, de rixes et de scènes sanglantes.

Une visite s'impose au *Petit Noë*, rendez-vous habituel des trimards étrangers échoués en Espagne. On y vend du vin, des liqueurs, de la friture, des piments confits et autres abominations gastronomiques. Quelques êtres en guenilles et au teint brûlé par le hâle, *polisseurs de pied de biche*, *chineurs* à la *lettre*, à la *rencontre*, à la *goualante*, à la *dure*, *marins naufragés*, se reposent des travaux du jour en buvant du gros bleu. Un rouleur à barbe grise, doyen apprécié du *voyage*, fait avec emphase le récit de ses exploits. De jeunes trimardeurs, débarqués de la veille, écoutent, gueule bée, pleins d'admiration, la menteuse odyssée de l'ignoble burgrave. Bientôt, des critiques s'élèvent, la discussion s'échauffe, de violentes polémiques s'engagent sur des points douteux de topographie et de statistique ; les menaces grondent, les invectives se croisent, les coups vont pleuvoir, quand la fermeture de la taverne met brusquement fin à ces répugnantes querelles. L'injure aux lèvres, les jambes molles, les trimardeurs se dispersent en quête d'un asile et s'effacent dans les profondeurs noires des ruelles du *Medio dia*.

J'ai déjeuné dans cet aimable quartier, au restaurant de *las Flores*, établissement select, fréquenté par le gratin de la pègre. Mon voisin de table, jeune monsieur vraisemblablement échappé de la vitrine d'un tailleur à la mode, m'annonce, entre deux bouchées, qu'il est de Paris et représentant d'une grande maison de parfumerie.

— Je fais énormément d'affaires en Espagne, grasseye ce neveu de Gaudissart, mais je m'y ennuie à mourir. Pas de distractions, une cuisine détestable, et un jargon. Ah ! malheur ! parlons-en un peu. J'ai dépensé deux mille francs pour apprendre l'espagnol, et c'est à peine si je puis me faire entendre pour obtenir un beafteack ou un mazagran. Quel drôle de peuple ! Ils appellent les chiens des *perros*, les chats, des *gatos*, et quand ils veulent se marier ils disent qu'il vont se casser — *casar*. — Et leur musique? ajoute dédaigneusement mon voyageur, en indiquant du geste deux mandolinistes qui, à l'entrée de la salle, exécutent une suite d'airs nationaux, y comprenez-vous quelque chose? Moi ! non. *Espana, non comprender nada.*

Ce Castillan des Batignolles me propose de le suivre chez « nos cousines. » Il est, paraît-il, le fournisseur attitré de plusieurs « maisons françaises » de la rue d'Albe. Je me dérobe à sa gracieuse invitation. Ce n'est pas pour aller conter fleurette aux pensionnaires des mères abbesses du quartier du Midi que j'ai franchi les Pyrénées.

— Monsieur est dans le commerce ? hasarde d'un ton piqué le fournisseur de ces « dames ».

— Oui, monsieur.

— Quel article représente monsieur?

— L'article révolutionnaire.

— Vous plaisantez !

— Je ne plaisante jamais, monsieur ! Compromis dans les derniers attentats anarchistes qui viennent d'épouvanter Paris, je me suis réfugié en Espagne, où j'espère écouler à bon compte les marchandises qui me restent.

Blême d'effroi, le parfumeur règle son addition et s'empare de la porte sans oser lever les yeux sur ma redoutable face de terroriste.

Je ne tarde pas à l'imiter. Cet imbécile est capable de me dénoncer à l'autorité, et je ne me soucie pas d'expier par plusieurs mois de prévention une innocente plaisanterie.

Mon déjeuner, parfumeur compris, me coûte bon. Le restaurateur de *las Flores* m'a glissé un écu d'une jolie frappe, mais idéalement faux. — Je constate cette « erreur » sans m'en étonner. Ici, la monnaie de mauvais aloi ne forme pas moins des trois dixièmes du numéraire en circulation. Parmi les pièces altérées ou de valeur nulle dont de peu scrupuleux négociants bourrent les poches du voyageur naïf, il en est dont la perfection de gravure donne la plus favorable idée de l'habileté des artistes espagnols. Un personnage des mieux informés m'a juré ses grands dieux que certain gouverneur de province avait installé dans son hôtel une succursale clandestine de la Monnaie royale. Il faut ajouter, pour l'honneur de *los señores gobernadores* actuels dont l'administration est au-dessus de tout soupçon, que leur indélicat collègue se livrait à sa criminelle industrie sous le règne d'Alphonse Ier, le Batailleur, roi d'Aragon (1104-1134).

L'Espagnol n'a pas le génie musical. En dehors d'une demi-douzaine d'ouvrages originaux du genre comique, ou *zarzuelas*, comme *Robinson*, *un Estudiante en Salamanca*, le répertoire lyrique se compose exclusivement d'adaptations ridicules de nos opéras bouffes. Les maëstros de *tras los montes* pillent avec une effronterie maladroite les productions les plus charmantes d'Offenbach, de Lecoq et d'Audran dont ils dénaturent à plaisir le livret et la partition. Je ris encore au souvenir d'une représentation, du massacre plutôt, des

Cloches de Corneville, à laquelle j'ai assisté dans je ne sais plus quelle ville. Planquette eût rugi de douleur et de honte à l'audition de cet abominable pastiche, qui portait sur l'affiche le titre fallacieux de *Campanas de Carrion.*

Les pages les plus sublimes de la musique moderne, sucées avec le lait maternel par les portefaix de Bordeaux et de Toulouse, ne trouvent pas le moindre écho dans l'oreille espagnole. Un unanime — *canta misa* — il chante la messe, — accueille l'interprète du *Miserere* du *Trouvère,* de la cavatine de la *Juive* ou de la prière de *Guillaume Tell.* En revanche, les turlupinades de café-concert jouissent du privilège de dilater, jusqu'à un point voisin de la rupture, la rate des graves compatriotes de Donoso Cortès. Il m'est arrivé quelquefois d'obtenir un succès d'enthousiasme en débitant, devant un auditoire bourgeois, des âneries de la trempe du *Bout du bi du banc, la Sœur de l'Emballeur, la Famille Bidard, J' m'appel' Rupin.* Il passera plus d'un déluge dans le lit assoiffé du Manzanarès avant que la musique de Richard Wagner ait pris racine en Espagne.

Une bonne soirée m'attendait au Cercle de... où m'a présenté mon excellent ami don Luis, ancien officier supérieur, destitué à la suite de l'invraisemblable prise d'armes du général Villacampa. L'armée espagnole, si mal jugée à l'étranger, est, sans contredit, la partie la plus intelligente et la plus saine de la nation. Dans les grades inférieurs notamment, on y rencontre des hommes d'un réel mérite technique et d'une incomparable solidité morale.

— Je souffre, me dit don Luis, des critiques superficielles et injustes adressées à notre armée par des écrivains prévenus ou mal informés. Certes, elle n'est point exempte de tout reproche ; le cadre de ses officiers généraux déborde de médiocrités encombrantes, et si nous n'avons pas, comme certains railleurs l'ont prétendu, un général par cinquante soldats, il faut reconnaître que le nombre des maréchaux de camp et des brigadiers hors cadre est hors de proportion avec l'effectif de nos troupes.

Mais ce que l'on oublie de faire ressortir,

c'est l'incroyable endurance à la fatigue de nos hommes et leur rare esprit militaire. Le soldat espagnol, le mieux habillé et le mieux nourri de l'Europe, n'endosse pas l'uniforme à regret; il aime ses officiers qui, plus qu'ailleurs, sont pleins de sollicitude pour leurs subordonnés et vivent avec lui dans l'intimité de la caserne. Malgré l'engouement du feu roi Alphonse XII pour les institutions militaires allemandes, le caporalisme rigide et cruel n'a pu s'acclimater dans nos rangs. Je ne sais quels événements se préparent en Europe, mais je puis vous affirmer que, le jour de la grande bataille, notre alliance ne sera pas à dédaigner. Dans votre voyage à travers ce grand et malheureux pays, vous aurez l'occasion d'étudier de près l'organisation et le fonctionnement de nos forces militaires, et vous demeurerez convaincu que l'infanterie espagnole est encore digne de son glorieux passé.

— Croyez-vous, ai-je demandé à don Luis, au retour possible des *pronunciamientos* ?

— La récente institution du suffrage universel a ruiné les espérances du parti républicain militaire. Un soulèvement de l'armée n'aurait pas l'assentiment du pays, et, d'autre part, la république unitaire et jacobine ne compte de partisans que parmi les déclassés ambitieux et les politiciens professionnels. Les aspirations de la masse ont une orientation tout opposée. Aussi réfractaire aux subtilités du parlementarisme bourgeois que sourde aux théories creuses des métaphysiciens politiques, la nation attend son émancipation d'une révolution économique dont la nécessité se découvre aux yeux des moins clairvoyants. L'Espagne n'est plus ce pays d'obscurantisme et d'inquisition où, selon l'admirable parole de Saint-Simon, « la science était un crime, l'ignorance et la stupidité la première vertu. » L'instruction populaire a fait de sérieux progrès depuis la chute d'Isabelle ; chaque ville, même de médiocre importance, possède des cercles ou *casinos* où l'on lit les journaux et les publications politiques. Fortement organisés en syndicats professionnels et en groupes d'action fédérés, nos ouvriers sont mieux préparés à l'action révolutionnaire que les vôtres, encore emprisonnés dans les théories étroites et autoritaires du jacobinisme et du socialisme d'Etat. Chez nous, l'espèce malfaisante du « barricadier en chambre » est inconnue, le prestige et l'autorité des rhéteurs bourgeois nuls, ou à peu près. Nous avons, certes, la compréhension moins vive que vous autres Français ; mille ans de guerres civiles, d'oppression politique et religieuse, ont obscurci les intelligences et paralysé les volontés. Mais quand la nette conscience du droit s'est fait jour dans notre esprit, nous en poursuivons la conquête avec une énergie froide et tenace qu'aucun obstacle ne saurait arrêter.

Nous avons passé la nuit à bavarder, et il fait grand jour quand je me décide à prendre congé de don Luis.

Dans la rue, sous les fenêtres du cercle, un cheval, attelé à une lourde charrette de moellons, s'arrête net à bout de souffle. Kyrielle d'injures, distribution généreuse de coups de fouet demeurent vains. L'animal ne bouge pas. Soudain, un retentissant *hue ! español !* souligné d'une verte cinglée, enlève la rosse qui, soufflant et renâclant, reprend cahin-caha sa douloureuse carrière.

Toute la philosophie de notre histoire politique, ajoute don Luis, est renfermée dans ce laconique *hue! español!* Et voici pourquoi. La diversité géographique de notre pays a imprimé un caractère nettement tranché à chacune de nos provinces, sans rompre cependant la cohésion des forces nationales. Un Catalan diffère plus d'un Andalou que d'un habitant du département des Pyrénées-Orientales ; rien de plus dissemblable par le type, le langage et les mœurs que le Galicien et le Castillan. Séparées par des barrières naturelles fortement accentuées, des préjugés et des rivalités séculaires, les provinces sont jalouses et fières de leurs légendes, de leurs usages locaux, de leurs libertés municipales. De même que pour John Bull, l'Angleterre est le plus beau pays du monde, pour l'Aragonais, il n'est rien de comparable aux montagnes arides du bassin de l'Ebre. Certes, le Valencien consent à faire partie de la grande confédération ibérique et il est prêt à le prouver en marchant contre l'ennemi commun ; mais avant d'être Espagnol, il est fils du royaume de Valence, *el reino de Valencia*. Au fond, le Catalan ne tient qu'en très médiocre estime le riverain du Guadalquivir, et il n'est pas impossible qu'un crocheteur de la *muy leal, muy noble y muy illustre ciudad de Sevilla* ne se considère comme très supérieur au millionnaire barcelonais. Si, comme il faut le croire, la loi est l'expression des rapports nécessaires dérivant de la nature des choses, la République espagnole sera une république cantonaliste, ou elle ne sera pas.

Cette interprétation révolutionnaire de l'apostrophe du charretier catalan m'a rendu rêveur. Qui m'eût dit, il y a huit jours, que la doctrine du cantonalisme et l'avenir de la république ibérique tenaient tout entiers dans un brutal : hue ! espagnol !

Les voyages forment la jeunesse !

II

Tuna *et* tunantes. — *Physiologie du mendiant espagnol.* — *Les* chineurs. — *Une question sociale.* — *Au Monserrat.* — *L'Odyssée du coquillard.* — *Un sophisticateur.* — *La France en Espagne.* — *Chimie vinicole.* — *La Mariolâtrie.* — *Profils de consuls.*

A l'époque déjà lointaine où j'étais employé dans je ne sais quelle mairie de province, mon chef de bureau me chargeait de l'établissement des statistiques agricoles, industrielles et commerciales que centralisent chaque année les divers départements ministériels. Ce travail, sur lequel mes prédécesseurs pâlissaient, disait-on, sans le mener à bonne fin, n'était pour moi qu'une amusette. Voici comment j'opérais. En face de chaque article à dénombrer, têtes de bétail, prix du quintal de tel produit naturel ou manufacturé, chiffre des ouvriers de telle industrie locale, j'inscrivais gravement un nombre quelconque, au hasard de l'inspiration. Mes fantaisies économiques passaient pour des modèles de clarté et d'exactitude aux yeux de l'administration préfectorale qui, à plusieurs reprises, me fit transmettre, par la voie hiérarchique, ses plus chaleureuses félicitations.

Les auteurs des innombrables relations de voyage en Espagne qui, depuis le dix-septième siècle, se sont succédé en se répétant servilement, sauf de rares et honorables exceptions, n'ont pas usé d'un autre procédé à l'égard de la statistique de cette infortunée péninsule.

S'agit-il, par exemple, de la grosse question de la mendicité, ils écrivent sans rire : « Le nombre des mendiants est incroyable et l'on ne saurait l'évaluer à moins de..... » Ici, un chiffre énorme, absurde, variant selon l'humeur et les préjugés de l'écrivain.

On voit que nous sommes en Espagne, le pays de don Quijote, terre du mirage et de l'outrance, où le moindre *rio seco* prend tout de suite des proportions de Mississipi et les épaisses maritornes se transforment à vue d'œil en vaporeuses dulcinées.

Certes, il y a un grand nombre de mendiants en Espagne et beaucoup plus que dans les autres contrées de l'Europe. La raison en est simple. Cette nation qui, selon la belle expression d'Edgard Quinet, fut « pendant de longs siècles le Chevalier du Christ », n'a pas honte de ses pauvres ; elle n'assimile pas la misère à un délit prévu et puni par des lois barbares. Son cœur héroïque et généreux a trouvé un palliatif aux inégalités sociales et à l'injustice du sort : la charité qu'elle distribue à ses enfants malheureux avec une générosité que rien ne lasse. En vertu d'un contrat tacite émané du plus pur sentiment chrétien, chaque membre de la société s'impose une contribution volontaire, sorte de taxe des pauvres, dont personne ne songe à se plaindre ni à s'affranchir.

Le mendiant espagnol ne séjourne pas dans les obscurs quartiers des grandes villes. Ce n'est pas lui qui s'accommoderait du *workhouse*, où l'hypocrite philantrophie de l'Angleterre emprisonne ses meurt-de-faim. Il lui faut le grand air et de libres espaces qu'il parcourt à petites journées, avec la sereine confiance d'un citoyen qui se sent partout chez lui et n'a rien à craindre des vexations de l'autorité.

Aux approches de l'hiver, *los señores mendigos* descendent, oiseaux frileux, des provinces du nord vers le royaume de Valence et l'Andalousie, qu'ils ne quitteront qu'aux beaux jours. Ce va et vient perpétuel de l'armée de la misère donne au voyageur l'illusion d'une foule. Tel mendiant que vous avez secouru à Barcelone vous tendra de nouveau la main, trois mois après, à Jaen ou à Malaga ; chaque année, à époques fixes, les mêmes paroissiens viennent se rappeler à votre bon souvenir.

Le mépris public ne s'attachant pas à l'état de mendiant, de très honnêtes travailleurs, des paysans et des ouvriers réduits à la plus affreuse détresse par une mauvaise récolte, une crise commerciale ou industrielle, n'hésitent pas à quitter leur province pour courir la *tuna*. Après une longue absence, ils rentrent au logis et reprennent tout uniment le train ordinaire de leur existence, prêts à recommencer, le cas échéant. Frappé par le malheur, l'Espagnol, fidèle à sa devise fataliste « *Lo que ha de ser no puede faltar* » — ce qui doit arriver ne peut manquer, — ne se révolte pas. Il n'a recours ni au suicide, ni au vol : il mendie « du même air qu'il revendiquerait un royaume. »

Les auteurs ne sont pas d'accord sur la définition du mot *tuna*, d'ailleurs intraduisible. Au siècle dernier, de bruyantes compagnies d'étudiants parcouraient l'Espagne, cuiller au chapeau, guitare ou *pandero* au poing, chantant et quêtant de porte en balcon. Ces jeunes vauriens, élèves d'Universités imaginaires, francs *picaros* pour la plupart, se donnaient le titre d'*étudiants de la tuna* ou *tunantes*, dont la très florissante corporation des mendiants contemporains a hérité.

Il n'existe pas, que je sache, de manuel du parfait *tunante*. C'est dommage ! Ce livre manque à la littérature picaresque. N'est pas étudiant de la *tuna* qui veut. Il faut un apprentissage spécial ou une grâce d'état pour acquérir les notions géographiques, statistiques et techniques indispensables au fructueux exercice de cette excentrique profession. Le paysage, les monuments, les mœurs sont en général lettre close pour l'insouciant *tunante*. Il sait, et cela suffit à son ambition, que tel district doit être mis en coupe réglée dans telle saison ; qu'à tant de kilomètres de la route de... à..., côté gauche ou droit, il y a un couvent renommé pour son hospitalité ; que la cité de... est célèbre par son asile de nuit, ses casernes libérales en *rancho* — ordinaire du troupier espagnol ; que la foire autrefois fameuse de... est déchue de son ancienne vogue, mais qu'en revanche tel pèlerinage est une source assurée de sérieux profits.

A la halte, au campement du soir, des docteurs de l'armée roulante font un cours de *lunerie* comparée devant leurs jeunes confrères, qui, méfiants par instinct, n'acceptent que sous bénéfice d'inventaire l'enseignement *ex cathedra* de rusés doyens intéressés à leur donner de fausses pistes. Nous devons dire cependant que bohèmes et rouleurs s'entr'aident généreusement. Les rixes sont rares chez ces misérables qui justifient par à peu près la bonne opinion qu'en avait Béranger :

> *Les gueux, les gueux,*
> *Sont des gens heureux,*
> *Qui s'aiment entre eux....*

... jusqu'aux coups de couteau exclusivement.

L'Etat n'abandonne pas à l'initiative privée toutes les charges de l'Assistance publique. Il y contribue pour une part morale en fixant un secours de route que les municipalités servent, quelquefois, au voyageur muni de *carta de socorro* ou de *guia*.

Sur le vu de pièces établissant l'identité de l'individu, le secrétariat général du gouvernement de la province lui délivre une feuille de route donnant droit à un secours quotidien de deux réaux, soit cinquante centimes; parfois, un employé compatissant y ajoute le *bagaje*, ou transport gratuit d'un lieu d'étape à l'autre par les soins d'entrepreneurs *ad hoc*. Il n'était pas rare, dans le temps, de rencontrer sur les chemins de l'Espagne de tapageuses caravanes de *tunantes*, escortées par un *bagajero* fumant de colère, poussant à renfort de coups de fouet ses bêtes rétives, sourdes aux jurons obscènes qui forment le fond de la langue du bas peuple.

Depuis quelques années, les municipes ruraux, à bout d'expédients budgétaires, ont supprimé le bagage, et il est même question de reléguer parmi les souvenirs de l'Espagne picaresque cette pauvre carte de secours qui a sauvé de la faim des générations entières de malheureux. Deux réaux, ajoutés à l'indemnité allouée par l'entrepreneur du bagage qui, le plus souvent, préférait acquitter sa réquisition en argent qu'en nature, suffisaient aux besoins d'un pauvre diable sobre par tempérament et par éducation. La suppression brutale de la carte de secours poussera au vol, au crime et à la révolte une population aujourd'hui résignée et inoffensive. Dispersés, emprisonnés, relégués même, les *tunantes* reparaîtront plus nombreux que jamais ; les juges et les gendarmes de madame la Régente demeureront impuissants contre la mendicité, forme pittoresque et bénigne du mal économique dont l'Espagne se meurt.

Chaque jour l'émigration enlève à ce pays, si admirablement doté par la nature, la portion la plus active de ses travailleurs agricoles. L'Algérie seule a reçu, en vingt années, plus de trois cent mille colons espagnols. La chasse aux *tunantes* et aux sans-travail achèvera l'œuvre homicide de l'émigration, et avant un demi-siècle l'Espagne dépeuplée et inculte ne sera plus qu'une lamentable solitude, rayée de l'itinéraire des oiseaux de passage.

Les nombreuses variétés de mendiants décrites par les anciens voyageurs ont disparu. C'est en vain que vous chercheriez des montreurs d'images saintes, ou *santeros*, des nouveaux chrétiens, *nuevos cristianos*, des *bulderos*, débitants de bulles papales, des pèlerins, *peregrinos*, en route pour Saint-Jacques de Compostelle. Les derniers survivants de ces espèces fossiles recueillent plus de nasardes que de *cuartos*.

Le mendiant moderne n'essaie pas d'apitoyer les « charitables personnes » par des infirmités simulées ou des contes attendrissants. Grave, hautain, il va lentement de porte en porte percevoir l'aumône à laquelle son état de pauvre, d'infortuné, *infeliz*, *desgraciado*, lui donne droit. Rentré à la *posada* ou à l'*albergue de caridad*, refuges où les municipalités reçoivent gratuitement les passagers, il s'étend sur une couverture pouilleuse et fume d'interminables cigarettes pendant que son épouse ou quelque compagne de hasard lui apprête un repas d'ermite. En général, ces fiers hidalgos ne daignent pas même tendre la main et envoient mendier femmes et enfants.

La *tuna* se renforce incessamment de nouvelles recrues vomies par les diverses contrées de l'Europe : déserteurs, récidivistes, escrocs, ouvriers loupeurs et ivrognes. Race mendiante par excellence, les Allemands voyagent par groupes de deux et trois. Toujours proprement vêtus, munis de lettres de recommandation, de certificats réguliers, ils *chinent*, c'est le mot consacré par la grammaire *tunante*, les riches maisons bourgeoises, le personnel de l'administration et le clergé ; quelques-uns, c'est évident, espionnent pour le compte de la chancellerie prussienne.

Depuis la fugue du roi Amadeo, le nombre des Italiens a diminué ; d'ailleurs les Espagnols ne leur témoignent qu'une médiocre sympathie. Très souples, insinuants, ils affectent de se livrer à une industrie foraine quelconque ; au fond, tous, ou presque tous, vivent de métiers inavouables.

Le genre de *chine* préféré du Français, et le mieux approprié à son esprit d'ingéniosité et de blague, est celui du « marin naufragé. » Ce navigateur de haute fantaisie voyage rarement seul et n'opère que dans les régions montagneuses dont les innocentes populations n'ont qu'une idée très vague de l'Océan et de ses tempêtes. Sous la conduite d'un officier de leur bord, deux ou trois sacripants promènent de fallacieuses paperasses attestant la perdition de leur navire sur un point déterminé du littoral. Ces pièces « authentiques », œuvre du lettré de la bande ou de quelque faussaire de Barcelone, produisent généralement un effet de pitié sur les âmes sensibles. Trop souvent même, de naïfs *alcaldes* apposent le sceau de l'*ayuntamiento* sur ces infâmes écritures et leur donnent ainsi force probante aux yeux des victimes des « marins naufragés. »

L'aristocratie de la *tuna* est représentée par le chineur « à la souscription. » Ce genre de travail, qui demande de la tenue et quelque entregent, consiste à recueillir les offrandes destinées à venir en aide aux victimes d'un sinistre de fraîche date, choléra, incendie, inondation. Mais la police espagnole, longtemps comp... bénévole des chineurs à la souscription, semble vouloir contrarier les opérations philanthropiques de ces messieurs. Encore une industrie qui se meurt.

Rien de plus abject et de plus douloureux que la condition du trimardeur, qu'un reste d'honneur ou le défaut d'aplomb éloigne de l'escroquerie familière aux marins naufragés et à leurs dignes émules, les receveurs de souscriptions picaresques. Descendus au dernier cran de la mendicité honteuse, ces êtres dégradés n'ont plus qu'un rêve, qu'un espoir : boire, boire encore, boire jusqu'à l'ivresse brutale, sœur de la mort et sainte consolatrice des désespérés. Peu d'entre eux échappent à une fin tragique ou lamentable, la folie, le suicide, la prison, les rixes mortelles, le trépas bestial sur le grand chemin.

Nous avons rencontré parmi les *tunantes* des hommes instruits et d'éducation soignée, d'innombrables bacheliers, d'anciens officiers, des notaires, quelques ingénieurs, un ancien consul et un ex-attaché d'ambassade. Dépourvus d'instruction professionnelle, incapables d'un travail répugnant et grossier, ces misérables déclassés n'ont que de faibles chances de retour à la vie normale. Une fois enrégimentés dans l'armée de la *luna*, cette Internationale de la misère, ils ne peuvent plus en sortir, quelque volonté qu'ils puissent en avoir. Le trimard les tient, et ne les lâche plus.

Le gouvernement espagnol, ému par les progrès croissants de l'invasion des mendiants étrangers, commence à prendre contre ceux-ci des mesures coercitives. A la suite d'un emprisonnement d'une durée indéterminée, les individus pris en flagrant délit de vagabondage sont ramenés à la frontière française. Ce système d'extinction du paupérisme, dû, sans doute, à l'imagination de quelque chef de bureau abruti par la lecture des économistes de l'école dite libérale, n'a qu'un défaut : son impuissance essentielle. Après une éclipse de quelques jours, les vagabonds expulsés d'Espagne par le Perthus y rentrent par Hendaye ou Puycerda. C'est toujours à recommencer.

Je descends du Monserrat dont j'avais

admiré, des hauteurs voisines de Barcelone, la masse irrégulière présentant de loin l'aspect vermiculé d'une gigantesque éponge fossile.

La Sainte Vierge a, dit-on, posé le pied sur les terrasses du Monserrat, et de son céleste contact est né un couvent célèbre dans toute la chrétienté. Quoique déchu de son antique vogue, le pèlerinage de la Vierge noire vaut encore de sérieux revenus aux moines propriétaires de la montagne miraculeuse. Les bons pères logent à pied et à cheval, débitent des indulgences, du vin, des objets de piété, des comestibles de toute sorte, *y otros varios generos,* pour parler en style d'enseigne. Pendant la belle saison, les gorges boisées et les cavernes à stalactites de ce lieu d'élection divine sont le rendez-vous de nombreux pèlerins qui mènent joyeusement de front les pratiques dévotes et les frivoles amusements terrestres. Du couvent une route carrossable dévide son interminable lacet à travers bois et vignobles jusqu'au village de Monistrol où je fais halte dans un établissement hybride, tenant à la fois de l'auberge et du café. Après dîner, je jette un coup d'œil sur ce *pueblo* terne, malpropre et banal qui est le siège d'une brigade de *mozos de escuadra.*

Cette pittoresque variété d'agents de la force publique se distingue de la gendarmerie ou garde civile par sa rareté, — elle est particulière à la Catalogne — et par sa tenue.

Figurez-vous un de nos anciens postillons de diligence, avec sa queue de morue à revers rouges et à double rangée de boutons d'étain, sa face glabre encadrée de courts favoris et son haut-de-forme au bord relevé sur le côté ; armez ce personnage d'une carabine ; investissez-le de pouvoirs discrétionnaires, et vous aurez le *mozo,* — garçon.

Comme leur nom l'indique, ces gendarmes spéciaux sont ou plutôt étaient autrefois célibataires ; mais, depuis quelques années, l'autorité supérieure leur permet de tâter du conjungo. Les *mozos de escuadra,* gens déterminés et peu scrupuleux sur les moyens de coercition, jouissent d'une réputation méritée d'énergie et d'insensibilité. Ceux que j'ai rencontrés m'ont paru inquisitoriaux et d'une grossièreté superlative.

Ma promenade achevée, je m'apprête à me

mettre au lit, quand des cris de détresse et des éclats de rires, partis d'une remise voisine, me ramènent dans la rue. Un pèlerin qui a dû porter de trop chaleureux toasts à Notre-Dame du Monserrat s'est étalé dans une flaque de purin, à la grande joie d'une troupe de muletiers qui, sous le prétexte de lui venir en aide, le tirent à hue et à dia, ne le remettant sur pieds que pour le faire choir de nouveau.

Ma présence met fin au supplice du pauvre hère, grand garçon, maigre et barbu, noyé dans les plis de la robe historiée de coquilles du pèlerin légendaire.

— Je vous remercie, monsieur, de la protection dont vous venez de me couvrir, soupire le piteux ivrogne ; sans votre gracieuse intervention, j'eusse succombé sous les bourrades de ces manants.

Le coquillard m'a raconté son odyssée. La voici :

« Veuillez croire, monsieur, que je n'ai pas toujours couru les routes d'Espagne sous une défroque d'emprunt, et qu'avant de débiter aux âmes dévotes des croix authentiques et bénites de Caravaca, que je prends par grosses chez un quincaillier de Barcelone, j'ai eu un chez moi et un état avouable. Je suis serrurier de profession, et jusqu'à vingt ans je ne quittai pas Toulouse, ma ville natale. Mon entrée au régiment me perdit. Pour une peccadille on m'envoya au bataillon d'Afrique, à Laghouat. Quelle école que les bagnes militaires ! quelle épouvantable école ! Comment ne suis-je pas devenu un parfait scélérat au contact de mes compagnons de chaîne ? Je n'en sais rien.

« Non, la loi n'est pas juste, monsieur, quand, sous un prétexte souvent futile, elle arrache du régiment des hommes plus dissipés que mauvais pour les jeter dans la gueule des pénitenciers qui les rendent à la société civile, — quand ils les rendent, — gangrenés, démoralisés, incapables de tout retour vers le bien. Cinq années de discipline barbare, d'exemples honteux et de contacts infâmes ne m'entamèrent point. Je devins fainéant, insoumis, débauché, ivrogne, et ce fut tout, hélas !

Libéré à Oran, je revins à Toulouse

avec l'intention ferme de réparer, par une vie de travail et d'honneur, un passé de misères et d'abjection morale. Ce fut en vain que je frappai à la porte des ateliers. Pas un patron ne consentit à embaucher l'ancien disciplinaire.

Découragé, j'absorbai les derniers écus de ma masse en libations bestiales, et, une nuit que j'errais, le ventre creux, la poche vide, sur les allées Lafayette, dame police me cueillit au passage. Traduit en correctionnelle sous la prévention de vagabondage, la justice civile, aussi équitable que sa digne sœur la militaire, m'infligea huit jours de prison.

Las de lutter contre une destinée implacable, je n'eus plus qu'un but : fuir, et je gagnai l'Espagne, cet Eldorado où il est encore permis au pauvre et au malchanceux de manger librement le pain de l'aumône. Voilà dix ans que je parcours la péninsule sous le froc, respecté — quelquefois — du coquillard. Familier avec les dialectes provinciaux, les mœurs et les coutumes locales, je pérégrine par les meilleurs chemins, vendant à mille pour cent ma pieuse quincaille, mangeant à ma faim, buvant au delà de ma soif, libre et heureux en somme. Un jour, le cerveau incendié par l'alcool, les jambes mortes, je m'abattrai sur la paille d'une écurie ou sur le revers de la route, et rendrai mon dernier souffle, sans secours, ni consolation, loin des amis et du pays natal !

« Les amis ! sanglote le navrant pèlerin. Qui donc là-bas, au faubourg Saint-Cyprien, songe encore à l'infâme drôle, à l'affreux mendiant que je suis ? La patrie ? Je voudrais bien savoir ce que c'est que la patrie ? »

Je n'ai pas osé aggraver la douleur très sincère de ce gueux pathétique par l'essai d'une définition qu'ont cherchée en vain et chercheront longtemps de plus fortes têtes métaphysiques que la mienne.

De la station de Tortosa à Castellon de la Plana, j'ai fait route avec un courtier en vins, Français et bavard, qui m'a gâté le plaisir du voyage. Ce cynique individu m'a dit acheter des vins pour une maison de Narbonne, la première, naturellement.

— J'en ai fait, autrefois, des affaires dans ce pays, déclare-t-il, tout bouffi d'un orgueil comique, et des bonnes, en veux-tu, en voilà. Il n'y avait qu'à se baisser pour prendre. Alors pas de concurrents sérieux, des paysans bêtes comme leurs mulets, et une confiance ! Il fallait voir ça, citoyen !

Tenez, dans les premiers temps, on me demandait du vinaigre d'Espagne sur les places du midi. Du vinaigre ? Où en découvrir dans ce pays de gueux ? Les Espagnols en usent peu et n'entendent rien, d'ailleurs, à la fabrication artificielle de ce produit. Eh bien ! moi, monsieur, j'ai trouvé le moyen d'envoyer du vinaigre à mes correspondants, et du fameux encore. Ma marque faisait prime ; on se l'arrachait sur les marchés du Languedoc ; je gagnais de l'or. Malheureusement un courtier rival, jaloux de mon succès, me dénonça. La douane confisqua mes marchandises à la frontière et m'intenta un procès d'où je sortis ruiné.

Vous pensez bien que je n'avais pas perdu mon temps à fabriquer du vinaigre. De la rinçure de futaille, quelques gouttes d'acide sulfurique concentré, et voilà du vinaigre. Que pensez-vous du procédé ?

— Je m'étonne que l'une de vos victimes ne se soit pas offert le voyage d'Espagne pour vous rompre les reins.

— Pas une n'y a songé. Tout le monde a usé de mon vinaigre chimique et personne ne s'en est plaint. Vous même, qui faites le dégoûté, je parierais que vous avez tâté de mon produit sans vous en douter : je fournissais tous les hôtels et restaurants du midi.

— Si je le croyais, monsieur, ai-je répliqué sèchement, je vous ferais passer par la portière du wagon que voici.

Le train entre en gare de Castellon. Je descends sur le quai sans autrement m'occuper de ce malfaiteur.

Les bandits de la trempe de mon fabricant de vinaigre forment la majorité des négociants français établis en Espagne. Il existe cependant à Lerida, Reus, Tarragone, Valence, Saragosse et Jerez, de consciencieux commerçants qui expédient en France des vins purs, ou à peu près ; mais le nombre en est fort restreint, et il est surprenant que le gouvernement espagnol, si prodigue d'ordres de distinction, n'ait pas encore créé une décoraration spéciale réservée aux marchands de vin de raisin.

Dans de nombreux voyages à travers les districts vinicoles de la péninsule, la Rioja, le Priorato, la Manche, le royaume de Valence, nous avons relevé des sophistications qui feraient rougir de honte les plus téméraires chimistes de l'entrepôt de Bercy.

Gagné par le « mal français », le paysan espagnol s'est initié à des tours de mains monstrueux, à des fraudes invraisemblables. Son vin déjà mouillé, plâtré, salycilé, remonté, coloré, passe dans le chai de malhonnêtes trafiquants qui, après en avoir élevé le titre par l'adjonction d'alcool toxique, le recoupent, le remouillent, le recolorent à l'aide de solutions minérales ou de teintures végétales mortelles à la santé. Ces infâmes mixtures, introduites en France, sont reprises par les négociants en gros qui ne les livrent aux débitants qu'après une série de manipulations ténébreuses, réduisant à quelques dixièmes pour cent la quantité de vin naturel noyé dans le soi-disant vin consommé par la classe ouvrière et la petite bourgeoisie.

Il y a longtemps que les empoisonnés du commerce auraient dû, dans un élan spontané de légitime défense, livrer aux flammes vengeresses les honteuses usines, sources intarissables de breuvages homicides, qui, avant un demi-siècle, auront fait des petits-fils des grenadiers de Valmy et d'Austerlitz une cohue sinistre d'émasculés et de fous furieux. Pas un jury d'assises, fût-il composé de mannezingues retirés ou en exercice, ne pousserait l'audace jusqu'à condamner les auteurs d'un pareil acte de civisme.

Enfin ! me voici en Espagne.
Le premier coup de midi sonne à l'horloge de la cathédrale de Castellon. Tous les fronts se découvrent, les conversations tombent, toute transaction cesse ; debout ou agenouillé, chacun murmure dévotement son oraison. Au dernier tintement de l'Angelus la rue reprend son animation. Le spectacle de ce peuple, obéissant en silence à une même impulsion instinctive, évoque la simplicité des premiers âges chrétiens.

Il ne faudrait cependant pas juger de la

piété des Valenciens par ces manifestations extérieures. Ici, la religion, comme l'esprit de cruauté, est à fleur de peau. Les gens de la *huerta* — jardin — de Valence sont laborieux et intelligents ; pas un pays du monde, la Lombardie exceptée, n'est soumis à une culture mieux entendue. La terre, morcelée en une infinité de petites parcelles incessamment irriguées par un admirable réseau d'*acequias* — rigoles — legs des conquérants maures, ne se lasse pas de produire. C'est la patrie par excellence des oranges, des légumes et des fruits. Vif et gai, passionné pour la danse et les histoires romanesques, le Valencien n'a pas un respect exagéré de la vie de son semblable ; les rixes, les duels au couteau terminent trop souvent les difficultés entre voisins et les rivalités d'amour. Aussi les croix de meurtre ne sont-elles pas rares sur les chemins et dans les carrefours. Mais que les âmes sensibles se rassurent. Pas plus à Valence que chez nous, on n'assassine les passants sans motifs plausibles, et si, comme l'a très judicieusement observé Théophile Gautier, on érigeait en France une croix commémorative sur le théâtre de chaque crime, nos routes et nos rues ne tarderaient pas à se hérisser des lugubres monuments qui donnent à certaines voies espagnoles l'aspect déconcertant de cimetières en formation.

Il est incontestable que si les Valenciens mettent souvent la main au couteau, c'est uniquement dans le but pacifique de remplacer la fourchette, dont la majorité d'entre eux paraît ignorer l'existence et l'usage.

En Espagne, d'ailleurs, la religion est tout en surface. On entre à l'église comme au théâtre et l'on se mêle à la procession comme à une descente de masques; les cérémonies religieuses et les représentations dramatiques sont désignées sous le nom commun de *funciones*. Dans les églises, d'une richesse qui le dispute au mauvais goût de l'ornementation, Dieu le père, Jésus-Christ, saint Joseph et autres notabilités de la Cour céleste, cèdent galamment le pas à la Très Sainte Vierge qui, sous cent vocables divers, règne en souveraine absolue dans tous les sanctuaires de la péninsule. Chaque jour, les fleurs les plus fraîches se renouvellent sur ses autels ; une perle rare, un bijou de prix viennent s'ajouter aux richesses de son étincelante parure. C'est une adoration de tous les instants, et qui ne faillit jamais. On peut dire sans irrévérence que l'Espagnol n'est pas chrétien : il est mariolâtre.

Un ami qui a une affaire à régler avec l'agent consulaire de... Grèce à Burriana, m'a prié de l'accompagner jusqu'à cette délicieuse petite ville blottie, à deux pas des eaux bleues de la Méditerranée, dans une forêt d'orangers.

La cité est en fête. Dans la grande rue, habitée par les membres du corps consulaire, négociants aussi étrangers à la géographie qu'à la langue du pays qu'ils représentent, les maisons fraîchement blanchies à la chaux sont pavoisées de tentures et de pavillons multicolores. Une joyeuse volée de cloches annonce la sortie de la procession. A mesure que, bannières en tête, défilent confréries, clergé et saint Sacrement, des salves d'artillerie et des pièces d'artifice coupent le chant des cantiques de leurs multiples détonations. Je ne sais comment expliquer cette manie, commune aux Espagnols et aux peuples de l'Amérique du Sud, de tirer des feux d'artifice en plein midi.

Le procession écoulée, nous allons chez le consul de... Grèce. Ce brave homme nous reçoit sans façons dans un magasin encombré de pyramides d'oranges et de caisses d'expédition.

Quelle bonne tête de consul! dis-je à mon ami, en sortant de l'entrepôt diplomatique. Courtois, expéditif, rond comme sa marchandise.

— Ce n'est pas un consul français.

— Vous me paraissez avoir une pauvre opinion du personnel de notre basse diplomatie.

— Sévère, mais juste, *amigo mio*. Tenez, puisque nous voici sur ce chapitre, voulez-vous que je vous dise ce que nous pensons en Espagne de votre corps consulaire?

— Dites.

— Au lendemain du Quatre Septembre, nous avions espéré que le gouvernement de la République française allait transformer le mode de recrutement de ses consuls. Il n'en a rien fait. C'est toujours, comme sous le second empire, ce même personnel, ignorant la langue, les usages et les besoins commerciaux de notre pays. Les moins détestables sont encore des fils de famille, décavés pour la plupart, qui rongent avec ennui la maigre pension alimentaire que de puissants protecteurs leur font servir par les contribuables sous la forme d'appointements.

Une variété amusante de consuls que nous devons à Gambetta, est venue cependant rajeunir le personnel d'autrefois. C'est le consul « nouvelle couche ». Fort empêché de caser la queue de bohèmes qu'il traînait après lui, le *leader* de l'opportunisme trouva tout simple d'ouvrir la carrière consulaire aux camarades d'estaminet que le débraillé de leur existence, ou une incapacité notoire, écartaient des hautes fonctions administratives. C'est ainsi que d'obscurs rédacteurs de feuilles moribondes et des orateurs chevelus des brasseries de la rive gauche ont eu la fortune inouïe de représenter, Dieu sait comme, la République française à l'étranger. L'Espagne, en sa qualité de pays voisin et ami, sans doute, a particulièrement souffert de l'invasion de ces fantastiques diplomates.

J'en connais un, ancien clerc de commissaire-priseur, ignare, grossier, de mauvaise touche, dont l'unique titre à la faveur de l'ex-proconsul de Tours et de Bordeaux se réduisait à une vague parenté avec la maîtresse de l'un des membres du fameux grand ministère. Il est actuellement vice-consul à.... Un autre, fils de la modiste de madame Grévy, a débuté, il y a dix ans, en qualité de chancelier dans un port de l'Andalousie. Croiriez-vous que cet imbécile est aujourd'hui ministre plénipotentiaire en Amérique ?

Vous aurez prochainement l'occasion d'étudier de près le prototype du « consul nouvelle couche. » Ce malheureux traînait sur le pavé de Paris l'existence paradoxale de reporter de chiens crevés, quand un personnage important de l'orléanisme le recommanda à Gambetta. On le nomma consul à..., où il est encore. Le nouveau fonctionnaire qui, à l'exemple du bohême des *Odes funambulesques,* n'avait jamais vu de chemises que « parmi l'azur de ses rêves, » pensa mourir de joie en endossant le frac galonné d'or de consul ; le contact du bicorne à cocarde tricolore fit évanouir ce qui restait de bon sens sous son crâne fumeux. Son orgueil, ses manières cassantes, sa médiocrité incurable lui ont fermé toutes les portes, et, quand il passe dans la rue, roide dans son uniforme flambant, les gamins le poursuivent de leurs huées.

— C'est pousser loin la charge. Je vous accorde volontiers que nombre de nos agents consulaires sont de parfaits nigauds, mais...

— J'en sais qui font honneur à votre pays, mais ils sont rares, très rares. N'allez cependant pas vous imaginer que la France ait la spécialité de ces fantoccini diplomatiques. L'Angleterre exceptée, tous les états européens sont représentés à l'étranger par des épaves de la haute noce ou des fruits secs du journalisme politique. L'Espagne n'échappe pas à cette règle, et plusieurs de ses consuls sont de véritables pantins d'opérette. Ecoutez plutôt.

Nous possédions, il y a quelques années, dans un théâtre de Madrid « dont je ne me soucie guère de me rappeler le nom, » un *gracioso* — comique — que j'appellerai Manuel. Cet animal, grêlé, myope et claudicant, était l'heureux époux d'une étoile du corps de ballet qu'il rossait sans vergogne, à propos de tout et de rien. Lasse des mauvais traitements, la pauvre créature chercha quelque consolation dans les bras de son impressario. Manuel tempêta, menaça. Le directeur lui montra la porte. Bref, ce bel esclandre s'arrangea moyennant l'honnête troc que voici : l'impressario céda au *gracioso* sa propre épouse qui consentit à ce singulier chassé-croisé. Les deux faux ménages en étaient encore au premier quartier de la lune de miel, quand la ci-devant épouse de l'artiste fut enlevée à la housarde par le ministre Gaspacho. Inutile de vous dire que le complaisant directeur, qui ne pouvait rien refuser à la toute puissante Excellence, avait préparé en catimini la fugue de son adorable pensionnaire. Cette fois, le *gracioso* cria publiquement au rapt ; les petits journaux jasèrent de l'aventure, et, pendant deux semaines, l'acteur cocu et protestataire fut le lion du jour.

Le ministre qui était fortement épris de sa nouvelle conquête se débarrassa du plaignant de la façon la plus spirituelle du monde. Devinez ce qu'il fit de Manuel?

— Un consul peut-être?

— Vous l'avez dit. Le *gracioso* fut nommé consul en France, dans une ville de la frontière des Alpes, où ce vilain personnage a terminé récemment sa peu honorable carrière.

Indifférente aux dignités de son concubin, la femme de l'impressario fut prise de la nostalgie des planches, et s'éteignit discrètement.

L'acteur diplomate parut inconsolable du trépas de celle qu'il affectait d'appeler en public sa chère et tendre *esposa*. Au fond, le drôle se réjouit fort de la fin prématurée de l'infortunée ballerine. C'était un cadavre de moins dans son passé fangeux.

III

Le choléra. — Vive la République ! — Par monts et par vaux. — Les cordons sanitaires. — Réception armée. — Une femme forte. — Cruelles étapes. — On ne loge qu'à cheval. — LA BOLETA.

Le choléra vient de faire une brusque et meurtrière apparition en Andalousie. Voilà ce que m'annonce l'*alguazil* qui, au debotté, m'invite à le suivre à l'hôtel de ville d'Almanza. Dans la salle d'audience de l'*ayuntamiento,* l'*alcalde,* flanqué de quelques conseillers et de deux *medicos,* tient une façon de tribunal sanitaire.

— Votre patente ? me réclame le président.

— Je ne suis pas négociant.

— Ne jouons pas sur les mots, s'il vous plaît. Votre patente de santé ?

— Je n'en ai pas.

— Vous allez quitter la ville sans délai.

Je proteste contre cette brutale mise en demeure ; j'exhibe passe-port, correspondance ; c'est en vain que j'essaie de prouver mon arrivée en droite ligne de provinces épargnées par la contagion. Le Conseil demeure inflexible et me fait reconduire aux portes de la ville par deux hommes armés de fusils.

Où trouver maintenant un dîner et un gîte? Que le diable étouffe l'épidémie et les absurdes municipaux d'Almanza ! Il n'y a qu'un moyen d'éviter les tracasseries des commissions sanitaires échelonnées jusqu'à Madrid : fuir les grandes routes et dessiner un crochet dans la direction du nord. Tournons au nord !

J'ai couché dans une misérable *venta* où un hôte à tête de bandit m'a très gracieusement cédé une portion de son maigre repas. A travers un affreux pays dépourvu de chemins viables, je pousse jusqu'aux bords du Jucar que je franchis à Cofrentes. L'invasion du choléra en Espagne est encore ignorée des habitants de ce paisible village. Je juge inutile de m'instituer le héraut du pernicieux microbe asiatique.

Si mon agenda dit vrai, c'est aujourd'hui

le quatorze juillet, anniversaire de la prise de la Bastille. Dénicherai-je seulement dans ces champs brûlés et stériles un verre de bon vin pour le vider en l'honneur de la République une et indivisible ?

Les agglomérations rurales manquent sur les plateaux qui commandent les sinuosités étroites et profondément encaissées du *rio* Jucar, mais on y rencontre çà et là de petits groupes de maisons ou *aldeas*. Quoique le chiffre de leur population soit souvent assez élevé, les *aldeas* sont privées d'organisation municipale. Les riverains du haut Jucar ne m'ont pas paru trop souffrir de l'absence à peu près totale d'autorités civiles et religieuses.

Voilà que les cultures se font plus rares ; des chênes verts et des bouquets de palmier nain dénoncent l'approche du steppe ; le sol poussiéreux, strié de crevasses béantes, flamboie sous l'irradiation du soleil de messidor, qui, en franc sans-culotte, ne veut pas mentir à sa vieille réputation d'ardent révolutionnaire. Aux limites extrêmes de l'horizon, pointent les toits de chaume d'une *aldea*. Je mets résolument le cap sur cette oasis.

Heureux et infaillible présage. De maigres lévriers jaunes, vautrés dans la poudre du chemin, accourent joyeusement à mon avance; le sympathique frétillement de leur queue semble me dire : Ami, sois le bienvenu dans cet honnête *pagus;* tu es ici chez toi. Des marmots à demi-nus, des commères dépoitraillées paraissent sur les portes ; de cordiaux bonjours, de vibrants Dieu vous garde! s'égrènent sur mon passage. Les chiens ne m'avaient pas trompé, les bonnes bêtes ; je suis en pays chrétien.

Une jeune femme me hèle.

— Ne vous mettez pas en peine d'un logis, baragouine-t-elle dans un français de haute fantaisie; veuillez me faire l'honneur d'accepter l'hospitalité dans ma pauvre demeure. *Chico* — petit — commande-t-elle à un enfant, va dire à mon mari qu'un Français vient d'arriver chez nous.

Comme toutes les maisons de l'*aldea*, celle de mon aimable hôtesse est bâtie en torchis; un métier de tisserand occupe la plus grande partie du rez-de-chaussée qui sert à la fois d'atelier, de cuisine, de salle à manger et de chambre à coucher. Ici, comme dans plusieurs cantons de l'Espagne méridionale, on ne dresse les couchettes qu'après le repas du soir.

— Vous êtes chez un ami et un démocrate, me dit en me tendant les mains le maître du logis. J'ai passé plusieurs années en France après notre malheureuse guerre civile, et je n'oublierai jamais l'accueil sympathique que j'ai reçu de vos compatriotes. Ma femme va mettre le couvert et nous allons fêter l'anniversaire du 14 juillet 1789, une fière date de l'histoire du peuple, n'est-ce pas, citoyen ?

Au dessert, quelques voisins sont venus prendre part à notre sans-culottide. On a dit pis que pendre de Canovas del Castillo et de Castelar, daubé ferme sur Nicolas Salmeron, critiqué vertement l'administration provinciale, rétabli sur des bases durables l'équilibre européen, résolu partiellement la question sociale, chanté la *Marseillaise*, bu à l'alliance latine et à la république universelle. Vers deux heures du matin, après une suprême accolade donnée à la peau de bouc et un dernier cri de Vive la république ! je me glisse entre les draps de l'excellent lit que la femme du tisserand vient de dresser sur la table même du banquet. *Buenas noches, amigos!*

Avec l'inflexible rigueur de l'aiguille aimantée j'ai repris la direction du nord ; la nuit me surprend à la porte de Requena. Le bureau d'octroi est occupé par un poste *d'alguaziles* qui s'opposent à mon entrée dans la ville. Je veux protester ; leur chef me couche en joue. Il n'y a qu'à s'incliner devant un argument aussi péremptoire. Près du mur d'enceinte je découvre une méchante *tienda* où je mange sur le pouce quelques tranches de morue frite arrosées d'un *cuartillo* de vin. Ce triste repas consommé, je m'échappe par d'abominables chemins, au hasard de mon instinct de voyageur. Au lever du soleil, exténué, la tête brûlante, je m'endors dans le lit desséché d'un *barranco*. Un bruit sourd, comparable à celui d'une charge de cavalerie, me réveille juste à temps pour échapper au déluge lâché d'une écluse d'amont. *Unguibus et rostro* je m'accroche désespérément aux arbustes et aux saillies de la berge dont je finis par atteindre le point culminant.

Aux confins d'un vaste plateau rocailleux et désert, la flèche d'un clocher met une grêle ligne noire sur le ciel bleu.

Ce clocher est le centre d'un village que les premières nouvelles de l'épidémie ont surpris en pleines fêtes. Tous les ans, ce coin singulier, placé à l'intersection des limites des provinces de Cuenca, Teruel et Valence, est le siège d'une foire importante qui coïncide avec un pèlerinage très couru. L'unique *posada* du lieu n'a pas une place large comme un mouchoir de poche à me céder. Je paye d'audace et me rends droit chez *l'alcalde*. C'est un paysan à demi sauvage, sourd comme une idole biblique. Particularité frappante, ce magistrat campagnard et la demi-douzaine de rustres qui l'encadrent portent chacun un fusil en bandoulière. Ces âmes simples songeraient-elles à tirer au vol le microbe du choléra ?

Tout d'abord *l'alcalde* refuse net de me laisser séjourner dans son pachalik. Heureusement qu'un éleveur de bestiaux, natif des Pyrénées-Orientales, établi depuis longtemps dans le pays, veut bien plaider la cause du *señor forastero* — étranger. Radouci, le rugueux municipal m'autorise à prendre logis chez mon compatriote jusqu'au lendemain. Le Catalan, qui m'a reçu avec une touchante et naïve cordialité, m'explique la raison de la prise d'armes des conseillers communaux.

Le matin même, des *quincalleros* valenciens — camelots, — installés sur le champ de foire, se sont pris de querelle à propos d'un échange de marchandises. Dédaigneux de l'art vulgaire de la savate, les camelots ont dégaîné *navajas* et revolvers. En moins de temps qu'il n'en faut pour rouler une cigarette, trois hommes et une femme sont tombés sur le carreau. Cette rixe dramatique a donné le coup de grâce à l'assemblée foraine qui, sous la menace du choléra, ne battait déjà que d'une aile.

J'ai eu la curiosité de voir les cadavres des *quincalleros* exposés dans le cimetière. La rapidité et la cruauté de la lutte se lisent dans les blessures peu nombreuses, mais toutes mortelles et portées d'une main sûre et expérimentée. Le ventre ouvert, les entrailles répandues sur l'herbe ensanglantée, la femme, robuste et belle créature dans toute la fleur de la jeunesse, semble encore menacer de ses yeux obscurcis par la mort les adversaires couchés à son côté. Le gendarme de planton à la porte de cette morgue rustique m'apprend que la *quincallera*, remarquable spécimen de la femme forte, a tué deux camelots pour sa part.

En visitant les campements forains j'ai rencontré le curé. Le digne homme n'est pas encore remis de l'émotion que lui a causée la scène barbare de la matinée.

— *Pobrecitos !* s'écrie avec de grands gestes l'ecclésiastique désespéré, je n'ai pas eu seulement le temps de recevoir leur confession. Ils sont damnés, *Santa Maria !* Irrémissiblement damnés.

Je suis de son avis : le salut des *quincalleros* me paraît très compromis.

Depuis deux jours, je vais ou, plutôt, je vole. Les plus misérables hameaux sont entourés d'un impénétrable cordon de paysans armés de fusils et de fourches. Impossible de me procurer le moindre aliment. A quelques kilomètres de Teruel, je donne niaisement dans un poste d'observation sanitaire. Le *sangrado* qui le commande me fait conduire par trois soldats, baïonnette au canon, dans un ancien séminaire transformé en lazaret. Après une demi-journée d'incarcération, mon internement menaçant de se prolonger, je fausse compagnie à mes gardiens et me lance à toute vitesse dans la direction de l'Ebre.

Quinze lieues dévorées, c'est le mot, en moins de dix heures, je m'arrête, fourbu, au hameau de Pancrudo. Le curé de cette misérable paroisse m'offre son dîner et son lit.

— Vos ouailles, dis-je à ce pasteur modèle, ne me semblent pas émues par l'approche du choléra ?

— De bons chrétiens, accoutumés comme nous à la souffrance, me répond-il d'une voix résignée, n'ont pas à redouter la mort.

Plus d'un naturel de ces hauts plateaux privés de prairies naturelles, de forêts et d'eaux courantes, où la vie du paysan, égorgé d'impôts et de redevances foncières, est un perpétuel problème, doit, en effet, saluer la mort comme une libératrice.

Au sortir de Pancrudo, j'ai erré dans le steppe, côtoyant à distance respectueuse les zones peuplées, mais inabordables. Trois jours, j'ai mangé du pain noir et amer arraché de force à des pâtres solitaires, bu l'eau de mares fangeuses fourmillant d'insectes, et dormi sous le ciel plus clément que les hommes rendus féroces par la peur.

A Mequinenza, ancienne place de guerre, pittoresquement assise au confluent de l'Ebre et du Cinca, je trouve enfin des gens rassurés et une *posada* hospitalière.

Le récit pathétique de ma désastreuse retraite me vaut l'amitié et les questions saugrenues d'un gendarme biberon et prolixe, qui a voulu à toute force m'escorter jusqu'à la Granja de Escarpe. D'innombrables petits verres d'*aguardiente* ont fini par avoir raison de mon insupportable questionneur, que je laisse ivre-mort dans une taverne. Mais l'agonie bachique de ce déplorable soutien de l'ordre public a duré toute l'après-midi, et la nuit tombe quand je franchis la porte de la gothique cité de Fraga.

C'est la veille du marché mensuel qui, de

dix lieues à la ronde, attire une affluence considérable.

Posadas, mesones et *paradores* regorgent de voyageurs : même à chers deniers, impossible d'obtenir un lit.

Moins intraitable que ses confrères, l'aubergiste de la *Estrella del Sur* — étoile du Midi — pourrait rigoureusement disposer en ma faveur d'un demi-lit — *media cama;* mais l'estimable *posadero* ne peut, à son très vif regret, faire droit à ma requête. Il ne loge qu'à cheval les jours de foire et de marché. Dans quarante-huit heures, le gros de sa clientèle écoulé, il se fera une joie particulière de mettre sa maison et ses gens à mon entière disposition.

Singulière et déplorable conséquence des coutumes locales. Entré à Fraga sur l'échine pelée d'un quadrupède poussif, j'aurais droit à une *media cama* ou à la libre jouissance de la litière des écuries de l'*Etoile du Sud*. Modeste piéton, je dois coucher à la belle étoile, la tête appuyée sur une pierre cueillie à l'aventure ou me résoudre à faire stoïquement patrouille, jusqu'à l'aurore, sur le morne pavé de la cité endormie.

Mais j'y songe ! C'est aujourd'hui la veille du marché. Les ânes et les chevaux abondent sur la place. Pourquoi ne pas faire l'acquisition d'un bourricot et entrer triomphalement à califourchon chez le *posadero* qui ne loge qu'à cheval ? L'idée est ingénieuse, mais peu pratique. La nuit s'avance ; l'heure des transactions commerciales est close. Il faut chercher une solution en dehors de l'aliboron rêvé.

L'Hôtel de Ville est à deux pas. Si j'avais recours à l'autorité municipale, en général très bienveillante à l'égard des étrangers ? Pourquoi pas ? Dans un lourd monument, autrefois université ou palais d'inquisition, on a réuni, par mesure d'économie sans doute, les services de l'*ayuntamiento*, les écoles communales et une façon de séminaire. Les bureaux sont fermés ; d'*alguaziles*, pas ombre. Des enfants jouent dans l'escalier de l'édifice. L'un d'eux, gamin à la mine futée et rieuse, veut bien se charger de la recherche de l'*alguazil*.

Les minutes se succèdent, la nuit se fait plus noire ; mon petit commissionnaire ne paraît pas. Enfin ! le voici.

Ce jeune drôle m'annonce que l'agent municipal, tout entier à une partie de cartes à la taverne de José Rufales, ne saurait se déranger: mais que rien ne s'oppose à ce que j'aille lui présenter moi-même ma requête. Mon guide ne m'a pas menti — les Espagnols mentent rarement. J'expose mon cas à l'*alguazil* qui, après m'avoir gravement toisé des pieds à la tête, griffonne quelques mots sur un bout de papier qu'il tend à l'enfant.

— Accompagne monsieur, ajoute-t-il, en reprenant la partie interrompue.

Je ne coucherai donc pas dans la rue, c'est certain ; mais où diable l'autorité m'envoie-t-elle gîter? C'est ce que m'explique en chemin le jeune Aragonais. Selon la coutume du pays, en usage d'ailleurs dans plusieurs provinces du nord de l'Espagne, la municipalité m'a délivré une *boleta* ou billet de logement chez l'habitant, et, paraît-il, un très bon billet. Pourvu qu'il n'aille pas valoir celui de La Châtre ?

A l'extrémité de la ville, près la porte de Lerida, mon cicerone m'arrête devant une maison élevée d'un étage. A l'unique et vaste fenêtre carrée rougeoie la clarté vacillante d'une flambée de sarments. C'est là qu'en vertu des saintes lois de l'hospitalité aragonaise, et par délégation de l'*alcalde mayor*, le courtois *alguazil* m'assigne un logis. Reste à savoir comment les gens du lieu vont recevoir l'invité municipal?

Par l'entre-bâillement de la porte charretière, à la lueur fumeuse d'une lampe accrochée à la muraille, je distingue la vague silhouette de deux vaches, d'un mulet et d'un âne broutant à la même crèche. Nous pénétrons dans cet intérieur rustique tout imprégné de l'âcre parfum du fumier et des sueurs animales.

— *Ave Maria!* murmure l'enfant.

— *Sin pecado concebida!* répond une douce voix de femme dans l'obscurité de l'escalier; *suban ustedes* — montez.

Nous gravissons l'étage; le guide présente la *boleta* que l'Aragonaise, belle et forte créature casquée d'une luxuriante tignasse de cheveux noirs retenus au sommet du crâne par un énorme peigne de métal, retourne dans sa main brune en jetant un regard timide et méfiant sur ses tardifs visiteurs.

L'inquiétude me gagne ; la dame refuserait-elle d'obtempérer à la réquisition de l'*algua-zil*. Je suis atrocement perplexe. Si j'essayais d'intimider la *señora* en lui cornant aux oreilles le refrain des tambours du joyeux Monthabor :

C'est un billet de logement.
Il est en règle assurément.

Un aimable sourire m'apprend que je n'aurai pas à défendre par l'opéra-bouffe mon droit de réquisitionnaire : le billet est en forme.

Je récompense mon petit guide qui dégringole l'escalier en nous jetant de sa voix mutine un impertinent Dieu vous garde !

La blanche lumière d'une lampe détaille crûment les solives enfumées et les formes massives de vénérables meubles en noyer, ferrés de curieuses et antiques serrureries. Sous l'immense manteau de pierre de la cheminée où pétille un joli feu clair, un pot de terre à demi enseveli dans la braise jette par saccades d'appétissantes bouffées.

Maintenant que voici l'abri assuré, si j'avisais à mon dîner ? Je prends la porte pour descendre chercher des provisions quand l'hôtesse m'arrête d'un geste aimable.

— C'est fête aujourd'hui, monsieur, et vous m'accorderez, j'imagine, la faveur de partager avec moi le modeste *puchero* qui sera bientôt à point. Je n'ai pas de vin, — je n'en bois jamais, — mais je n'aurai pas la cruauté de vous laisser dîner sans vous en offrir un verre. Je vais en prendre.

A mon tour, j'arrête ma prévenante logeuse et cours jusqu'à une boutique voisine d'où je remonte avec un pichet de vin capiteux et parfumé que le marchand m'a vendu pour du *cariñana* authentique. C'est un point que je me charge volontiers de vérifier.

Neuf heures sonnent à l'une de ces horribles pendules à caisse, de fabrication suisse, que d'astucieux commis voyageurs ont introduites jusque dans les villages malgaches et les kraals néo-zélandais.

— Si nous dînions ? me propose l'hôtesse ; à table, senor *Francès*. En Espagne, tous les étrangers sont Français, à moins qu'ils ne passent pour Américains. — Je n'attends personne, ajoute-t-elle d'une voix dolente ; je n'ai plus de famille.

Quelle idée saugrenue d'envoyer un étranger en garnison chez une veuve ou une orpheline dépourvue d'ascendants ou de tuteur ! Voici qui déborde de couleur locale et sent à plein nez son Espagne romantique. Pas trace de duègne, pas soupçon de Bartholo ! Le *scenario* est simple, délicieusement simple.

— *Caballero*, insiste la jeune femme, à table, le *puchero* est servi.

Le repas achevé et les grâces dites, nous prenons place côte à côte dans l'âtre.

Curieuse et loquace comme tous les Aragonais, Inesilla, c'est le nom de l'aimable paysanne, me pose d'interminables questions sur Paris, les femmes françaises, mes voyages. Du ton simple et cavalier des gens du bassin de l'Ebre, elle me fait à son tour l'histoire de sa vie.

Enfant presque [elle n'avait pas seize ans], on l'avait mariée à un certain Pepe Bernal, du *pueblo* voisin de Cinca. D'un caractère violent et dur, Pepe était laborieux, économe, fidèle à ses devoirs d'époux, mais amateur forcené de *pelota*, ce jeu national de l'Aragon, qui, trop souvent, dégénère en rixes sanglantes. Un triste jour de fête, à la suite d'une partie contestée de *pelota*, l'irascible Bernal tua deux de ses adversaires.

— S'il n'y avait eu qu'un cadavre, me dit naïvement la *señora*, ce malheur aurait pu s'arranger à l'amiable ; mais deux hommes tués, le même jour, en plein soleil, c'était trop. Malgré des offres d'argent que les magistrats espagnols ne refusent pas d'ordinaire, mon mari fut condamné à la détention perpétuelle. Il y a deux ans que la *cadena* l'a emmené aux *presidios* — bagne — là-bas, bien loin, sur la côte du Maroc, à Ceuta. Mon père et ma mère sont morts de douleur et de honte, et la famille Bernal a émigré en Algérie.

Les *presidios* à perpétuité, ajoute l'infortunée créature en fondant en larmes, c'est l'enfer, n'est-ce pas ? Mieux vaudrait cent fois la mort. Souvent j'ai songé à me retirer dans la ville où mon malheureux époux est relégué ; mais j'y ai renoncé. Je connais Pepe, *señor*. Ma présence l'exaspérerait et il commettrait de nouveaux malheurs. Qu'il soit fait selon la volonté de Dieu et de la très sainte vierge Marie.

Accablée par ses affreux souvenirs, la femme du forçat s'est tue ; ses sanglots s'apaisent ; ses beaux yeux noirs, dilatés par la fièvre, se fixent dans l'espace sur un point imaginaire. Soudain, une crise plus forte secoue ses membres ; d'un geste roide, elle se penche vers moi et, saisissant mes mains de ses mains froides et crispées, murmure à travers des hoquets convulsifs : « Pauvre infortunée ! Quel crime ai-je donc commis, Seigneur tout puissant, pour me punir de la sorte ? Sombre jeunesse que la mienne !... Née pour l'amour et le bonheur... je suis délaissée, méprisée de tous, avilie ;.... pas un ami pour me tendre une main secourable et consoler ma douleur. »

Brisée par l'émotion, elle laisse tomber sa tête sur mon épaule et s'endort d'un profond sommeil.

Ma situation est épineuse. Que décider ? quel parti prendre ?... Réveiller Inesilla, la porter sur son lit ? J'hésite... Le *sereno* chante deux heures sous la fenêtre. Il n'y a qu'à laisser l'affaire en l'état, comme on dit au Palais, et attendre patiemment l'aube.

Du pied, je pousse un fagot de sarments dans le foyer alangui et, après m'être solidement arc-bouté entre la muraille et l'un des lourds landiers de fonte, je me laisse gagner par un paisible sommeil de Jean Nicaise.

Il fait jour quand, courbaturés et confus, nous nous surprenons enlacés dans une attitude pleine du plus doux abandon.

— Excusez-moi, *señor*, balbutie Inesillla, de vous avoir ainsi laissé morfondre la moitié de la nuit. Je vais préparer un bon lit où vous reposerez à votre aise jusqu'à l'heure du déjeuner. Justement le temps est affreux aujourd'hui, ajoute-t-elle en ouvrant la fenêtre ; il pleut ; vous partirez dans la soirée, demain, quand il vous plaira.

J'arguë d'affaires urgentes qui m'appellent à Saragosse et décline énergiquement toute prolongation d'hospitalité.

Avec une gracieuse simplicité, Inesilla me demande la faveur d'un baiser.

En campagnard, à la papa, j'effleure de mes lèvres ses joues fermes et fraîches ; mais, à la façon convaincue dont elle me retourne par deux fois l'accolade, je comprends qu'il n'est que temps d'abréger la durée d'un séjour devenu peut-être dangereux.

IV

PARAMERAS *et* DESPOBLADOS. — *Châteaux en Espagne. Hospitalité castillane. — Mœurs politiques. — Le Campo real. — Zigzags dans Madrid. — Amours de prince. — L'avocat du Manzanarez. — Quelques Sires. — Au pays de Quijote. — Les dulcinées du Toboso. — Maquignonnage galant. — Le roman de la* PICARA.

« S'il vous fallait aller d'icy à Cahusac, que aimeriez-vous mieulx, ou chevaulcher oyson, ou mener truye en laisse ? demandait Gargantua enfant au fourrier du seigneur de Painensac.

» J'aymerois mieulx boyre, répondit le fourrier. »

A la veille de quitter Saragosse pour se rendre à Madrid, le piéton faisant mépris, par principe ou par nécessité, des voies ferrées, hésite un moment et, à l'exemple du fourrier, plutôt que de choisir entre les deux routes qui s'offrent à sa perplexité, il « aymeroit mieulx boyre. »

Marcher sur Madrid par Calatayud, Siguenza

et Guadalajara, c'est véritablement « chevaulcher oyson » ; gagner la capitale des Castilles par les âpres sentiers du *campo* de Molina d'Aragon et la vallée du Tajuña vaut « mener truye en laisse ». Ces deux chemins coupent une même contrée uniforme, aride, déserte et sans ressource. La truie vaut l'oison et réciproquement : je prends la truie.

A quelques lieues de Saragosse, l'étroit liseré de verdure qui court le long des rives de l'Ebre vient mourir au pied des premiers reliefs des monts Ibériques ; les landes succèdent aux champs de céréales et aux vignobles ; les arbres s'évanouissent et les habitations rentrent sous terre. La morne région des *parameras* déroule presque sans interruption jusqu'aux portes de Madrid ses immenses plaines nues, sillonnées de capricieux ravins transformés en torrents par les pluies que ne peuvent retenir des pentes chauves et rocailleuses. Des paysans ignorants, superstitieux et faméliques, cultivent en bédouins, autour de villages aux maisons vides et croulantes, les derniers lopins fertiles de ces districts déserts. Depuis l'époque de l'expulsion définitive des Maures et le mouvement d'émigration en masse qui suivit la découverte de l'Amérique, la décadence des provinces du plateau central s'est continuée en s'aggravant jusqu'à nos jours. Le monachisme, l'excès de centralisation, les guerres civiles, les abus de la grande propriété, l'esprit de routine, la paresse et l'impassibilité fataliste du peuple ont achevé l'œuvre de mort commencée dès le XVIᵉ siècle et donné le dernier trait de force au désolant paysage des deux Castilles. Ce n'est point dans une auberge de l'Espagne centrale que le pigeon de La Fontaine eût trouvé au débotté « bon souper, bon gîte et le reste. » Malgré leur fâcheuse réputation, tous les *posaderos* de la péninsule ne ferment pas brutalement leur porte sur le nez du voyageur fourbu, et il n'est pas impossible qu'une complaisante hôtesse ne lui fournisse, parfois, le reste ; mais toute espèce de réfection alimentaire est rayée d'avance de la carte des *posadas* castillanes. L'établissement ne tient à la disposition de sa clientèle que la lumière, le feu, l'eau, la paille, l'avoine et, quelquefois du vin. Inutile de parlementer, d'essayer d'attendrir, d'effrayer ou de corrompre le fier hidalgo fumant avec gravité son éternelle cigarette auprès d'un lugubre feu d'herbes sèches. Vous n'obtiendrez qu'un geste sobre du cabaretier gentilhomme vous indiquant noblement la direction de la rue.

Le logis arrêté, il ne reste plus au malheureux touriste qu'à courir à la conquête de son dîner. Hasardeuse entreprise ! Les approvisionnements des magasins de comestibles ou *tiendas* des *pueblos* ruinés de la Castille se composent invariablement de côtelettes de mouton coriace, de riz, de piments, de pommes de terre, de sardines sèches et de morue. Dans ces chétives boutiques, un lapin, une volaille ne sont connus que de réputation ; un pied de salade, des haricots verts y passent pour des arbustes fabuleux, tirés à grands frais de pays hérétiques et lointains. Emplette faite des tristes victuailles que vous avez souvent mis une heure à découvrir séparément, article par morceau, vous n'avez plus qu'à rentrer à la *posada,* en bénissant le ciel qui vous permet encore une nourriture quelconque dans ces pays inclémenls, et à cuisiner vous-même avec philosophie un atroce repas, châtiment redoutable de vos anciens péchés.

Qui n'a rêvé de châteaux en Espagne ? Chacun en parle, mais, jusqu'à ce jour, personne n'a pu exhiber les titres authentiques l'instituant propriétaire d'une châtellenie de *tras los montes*. Pourquoi ? C'est bien simple. Il n'y a pas de châteaux en Espagne, ou si peu que rien.

Le noble Espagnol a l'horreur de la campagne ; l'existence active et saine du *gentleman-farmer* répugne à ses instincts d'orgueil et à ses habitudes de paresse. Héritier d'immenses propriétés territoriales dont il ignore souvent l'étendue et la valeur, il abandonne l'administration de ses terres aux mains d'intendants pillards ou à l'incurie de tenanciers faméliques. Cette indifférence des grands propriétaires fonciers à l'égard de leur propre fortune a transformé en déserts des provinces autrefois fertiles. A l'heure actuelle, soixante pour cent de la superficie de l'Espagne centrale restent incultes et c'est par milliers que l'on compte les *despoblados*, villes, bourgs et villages disparus ou dépeuplés.

Un déboisement barbare a déchaîné sur le plateau des Castilles toutes les rigueurs d'un climat déjà inégal et âpre ; des marécages sans écoulement et des alluvions sablonneuses, apportées par les eaux sauvages, envahissent progressivement les terres grasses et profondes désormais réfractaires à toute culture. Encouragé dans sa paresse et sa routine par l'exemple des grands propriétaires et l'incurie de l'Etat, le paysan n'ensemence que les parties les plus fertiles du sol et laisse tranquillement les autres en friche. Tout effort vers le mieux lui répugne, toute nouveauté lui est suspecte, tout combat contre la nature lui paraît sacrilège. La bonne opinion qu'il a de lui-même et de sa race le défend de l'effroyable monotonie et des privations incroyables qui pèsent sur sa vie. Il est Castillan ; le sang bleu, la *sangre azul* court dans ses veines : cela suffit à son ambition.

Quand le peuple exercera véritablement son droit de souveraineté, une équitable loi agraire devra prononcer la déchéance de l'aristocratie foncière et remettre aux mains des paysans les domaines réservés, depuis des siècles, aux troupeaux de madame la marquise et de monsieur le duc. Ce retour des terres seigneuriales à leurs légitimes propriétaires ne paraît pas devoir rencontrer de difficultés sérieuses. Ici, point de châteaux à démolir et, pour cause, pas de châtelains protestataires à pousser sous le couteau de la guillotine. Un géomètre-arpenteur remplacera avantageusement le bourreau.

N'en déplaise aux faiseurs de livrets d'opéra, « le beau fleuve du Tage, » célébré avec une si douce émotion au premier acte de l'*Africaine* par la princesse Inès, n'arrose pas sur toute l'étendue de son très long parcours que des campagnes fleuries et enchanteresses. Né dans les terrasses neigeuses de la *sierra* d'Albarracin, il descend, à travers les steppes de la nouvelle Castille, entre des escarpements sauvages et dénudés. Ce n'est que vers la frontière du Portugal que « son doux rivage, » comme on dit à l'Académie nationale de musique, justifie par à peu près les accablants dithyrambes de poètes qui n'ont jamais mouillé leurs savates aux flots paresseux et limpides de ce fleuve royal.

Chassé par la famine des sinistres bords de ce « chemin qui marche », mais ne prend pas de voyageurs, j'ai hasardé une pointe jusqu'à Villaviciosa, théâtre de la victoire du maréchal de Vendôme en 1710.

Je ne fais que traverser ce village et, sur le conseil d'un naturel du lieu, je me dirige vers la Cueva del Cid, *cabeza de partido* ou chef-lieu de l'arrondissement.

Sur la *plaza de la Constitucion* de ce *pueblo* maussade, aux abords de l'hôtel-de-ville où fonctionne un bureau électoral, des groupes de citoyens discutent avec chaleur. Il s'agit, si j'en crois le placard officiel apposé sur la porte de l'édifice communal, d'une élection à l'assemblée provinciale. Ici, comme ailleurs, la victoire appartiendra au candidat dont les amis auront su s'emparer de l'espèce de soupière métallique à couvercle mobile qui sert, en Espagne, à recueillir les libres suffrages du peuple souverain.

Il n'existe qu'une *posada* dans cette nécropole. D'un air d'impératrice, l'hôtesse me déclare qu'elle ne reçoit pas d'étrangers dans sa maison.

— *Vaya con Dios !* ajoute en me tournant le dos cette mégère, *buen viaje*.

— Merci, madame ! J'ai bien l'honneur de vous présenter mes respects.

— Il n'y a pas de quoi.

Sur ce propos, il ne me reste qu'à imiter Gavroche. C'est ce que je fais. « Je rentre dehors » ou plutôt dans une méchante taverne que je rencontre sur mon passage. J'y prends un verre d'*aguardiente* et des renseignements qui, réunis, ne valent pas les deux *cuartos* qu'ils me coûtent.

Après s'être consultés avec la gravité solennelle qu'apportent les Castillans dans les plus mesquines circonstances de la vie, le *tabernero* et sa demi-douzaine de clients me déclarent que j'ai de sérieuses chances de dormir à la belle étoile, à moins que Dieu ne s'en mêle. Le seul habitant de la Cueva assez dénué de préjugés pour consentir à loger des étrangers était un ancien forçat que l'on appelait *el Moro* — l'Africain. Malheureusement, comme les célèbres carabiniers des *Brigands*, j'arrive trop tard : il y a deux semaines que l'Africain repose en terre chrétienne. Sans être prématurée, la mort regrettable du *Moro* de la Cueva del Cid me met en fâcheuse posture.

Traité en lépreux par les bourrus citadins de ce *despoblado* inhospitalier, il ne me reste qu'à requérir l'obligeante intervention de la municipalité. Pourvu que l'*alcalde*, distrait de ses manipulations électorales, ne me réserve pas l'accueil fait au chien entrant sans crier gare au milieu d'un jeu de quilles.

Je n'ai pas la peine d'arriver jusqu'à l'Hôtel de Ville. A travers le grillage richement ouvragé de la fenêtre d'une maison de style renaissance, enduite de l'infâme badigeon d'ocre cher aux propriétaires espagnols, une blanche main m'arrête au passage. La lourde porte, hérissée de clous à grosse tête, tourne sur ses gonds ; court vêtue de la basquine jaune serin et du corsage de soie noire des Castillanes d'autrefois, la *criada* — servante — paraît sur le seuil et m'introduit dans le salon carrelé en briques et sommairement meublé d'odieux meubles empire. Sur les murs blanchis à la chaux, des panoplies de très belles armes alternent avec des gravures de sainteté, des chapelets et des scapulaires évidemment bénis. Le maître de céans doit être chasseur et sa femme dévote.

— Je viens d'apprendre que vous étiez en quête d'un logis, me dit en s'avançant vers moi une dame vieillie plutôt que vieille, qui n'a conservé du costume national que la mantille posée à l'arrière de la tête sur le peigne à galerie ; ne cherchez pas plus loin, monsieur : vous êtes ici chez vous.

— Carmen ! commande-t-elle à la *criada*, va prévenir mes filles de l'arrivée de monsieur.

Cette réception cordiale me venge des rebuffades de la malhonnête *posadera* et de la mort de l'Africain, cet hôte bénévole des touristes égarés dans les solitudes de la Cueva del Cid.

— Ne vous étonnez pas de l'accueil brutal qui vous a été fait par les habitants de notre triste *pueblo*, ajout -l'ai able dame en m'indiquant un siège. D'un naturel entier et soupçonneux, ces maroufles deviennent féroces quand la fièvre électorale les tire pour quelques jours de leur torpeur normale. A la Cueva, deux partis irréconciliables se livrent une guerre de peaux rouges. Chassés de l'*ayuntamiento* à la suite des dernières élections municipales, les carlistes, menés par deux sacripants de la plus noire espèce, les frères Peñalver, autrefois *alguaziles,* ne perdent pas une occasion d'entrer en lutte violente avec les royalistes constitutionnels, tout à la dévotion de deux dangereux coquins, les frères Campos, *alguaziles* actuellement en exercice. Les honnêtes gens évitent de se mêler à ces répugnantes querelles. Aussi, ce matin, mon mari, Domingo Nuñez, s'est empressé de se rendre, à trois lieues de la Cueva, sur les terres du comte de *las Afueras* dont il est l'intendant, après avoir déposé dans l'urne électorale un bulletin blanc que le bureau aura vraisemblablement utilisé au profit de son candidat. Je suis heureuse que le refus de la *posadera* m'ait fourni l'occasion de vous offrir l'hospitalité. Il est rare qu'une journée d'élections se termine sans rixe sanglante et vous auriez pu, au cours de l'effervescence que ma pratique de ce pays me fait malheureusement prévoir, lier connaissance avec la *navaja* de l'un des citoyens actifs de la Cueva del Cid, flatté d'exercer son adresse sur la personne du *señor forastero* — étranger.

La *señora* Nuñez me présente à ses filles. Petites comme la plupart des Castillanes, Asuncion et Sanchita ont la peau blanche, la taille cambrée, la bouche rouge d'œillet, les cheveux châtain clair, et leurs grands yeux bleus reflètent l'étonnement que leur cause la présence insolite de l'hôte inconnu, amené par un mystérieux hasard.

Décidément, l'intransigeante *posadera* a été sagement inspirée en m'envoyant par ricochet sous le toit de l'hôtel Nuñez. Ces dames m'ont servi un dîner délicat et substantiel qui témoigne en faveur des talents culinaires de Carmen. Mon pauvre estomac, ruiné par un mortel régime de côtelettes de mouton tuberculeux et de morue avariée, à toutes sauces, chante un hymne de gloire et de reconnaissance à la vue de *l'olla podrida* classique, suivie de truites délicieuses, pêchées dans les flots du noble fleuve dont je regrette d'avoir médit.

Adorablement ignorantes, Asuncion et Sanchita laissent parler leur mère, femme remarquablement bavarde, mais d'un solide bon sens et d'une discrétion parfaite. Je sais gré à la *señora* Nuñez de m'avoir affranchi de la production verbale du *curriculum vitæ*, écot courant de l'hospitalité espagnole.

Carmen vient de verser le café dans de minuscules tasses que l'on croirait empruntées à un ménage de poupée. A l'extrémité du village, le *sereno* pousse son premier cri : *Ave Maria purisima! las diez!* Dix heures. Quelques minutes s'écoulent. Le pas cadencé d'hommes en marche sonne sur le pavé de la rue silencieuse, puis s'éteint brusquement.

— Voici une rue bien gardée! s'écrie sous la fenêtre du salon une voix grave et narquoise.

— Très bien gardée, en effet, réplique une voix aigre et vibrante de colère contenue.

— *Los alguaziles!* bégaye la maîtresse du logis atterrée. Sainte vierge Marie, ayez pitié de nous, pauvres pécheurs que nous sommes !

Aux détonations simultanées de plusieurs armes à feu succède le bruit sourd d'une lutte corps à corps. Des portes claquent ; des cris d'appel et des gémissements s'élèvent des groupes de voisins accourus vers le théâtre de cet horrible combat. C'est la clôture des opérations électorales prévue par la sagace madame Nuñez.

Aux premiers symptômes de la tuerie, Sanchita s'est élancée vers deux fusils de chasse accrochés à la muraille, m'en a tendu un du même geste calme qu'elle avait à table en me passant l'assiette de biscuits, et s'est résolument postée au balcon, le doigt sur la détente de sa carabine. A défaut de fusil chargé, la mignonne Asuncion s'est simplement armée d'une *navaja* gigantesque. Dévotement agenouillée aux pieds d'une madone de plâtre, la *señora* Nuñez égrène son chapelet.

Deux des acteurs du drame sont tombés foudroyés dès la première décharge et, quoique grièvement blessés, les survivants se sont abordés, *navaja* au poing, dans un assaut rapide et mortel. La poitrine ouverte, Campos aîné s'est affaissé dans son sang. Peñalver jeune respire encore. Adossé au mur de la maison qui nous fait face, le ci-devant *alguazil* comprime de la main ses entrailles mises à nu et, d'une voix sifflante et caverneuse, provoque emphatiquement ses adversaires gisant à ses pieds à un duel impossible. Près de lui, sa fille lève les bras au ciel en poussant des cris lamentables.

— Au nom du Christ, notre Sauveur tout puissant, secourez mon père !

— Console-toi, ma fille bien-aimée, râle l'inflexible champion, je vais mourir ; tout secours m'est inutile. Ne plains pas mon sort : je meurs vengé, oui... bien vengé.

L'*alcalde*, le *corregidor* et les gendarmes ne peuvent que constater le décès des terribles leaders politiques de la Cueva del Cid que des amis emportent sur des civières improvisées.

— *Ite missa est !* murmure à mon oreille la belliqueuse Asuncion en remettant carabines et *navaja* en place.

A la prière de madame Nuñez, nous disons

en commun quelques *pater* et une demi-douzaine d'*ave* qui n'ont pas dû influer sensiblement sur la décision inexorable du souverain juge des défunts *alguaziles*.

De la Cueva del Cid à Madrid, le paysage présente une succession de plateaux pierreux et dépeuplés. Pas un arbre, pas le moindre bouquet de verdure n'égaie cette campagne monotone, sans gibier ni oiseaux, balafrée de torrents et de rivières capricieuses auxquels le voyageur, à l'exemple de Dumas fils, est tenté d'offrir charitablement un verre d'eau. Cette ceinture de champs incultes semés de *pueblos* en ruine qui, de tous les côtés, borne l'horizon de la capitale, a reçu, par antiphrase sans doute, le nom pompeux de *Campo real*.

Des orages foudroyants et d'une violence extrême transforment en quelques instants les sentiers de la Castille en fondrières infranchissables. Le voyageur surpris par l'averse n'a d'autre ressource, pour échapper au piétinement sur place et à l'enlisement final, qu'à prendre ses chaussures à la main et à patauger en canard jusqu'à l'étape. Parti de la ville d'Huete par un temps clair et sans nuage, j'arrive, après trois heures de marche sous une pluie battante, au village d'Ucles, illustré par la victoire du duc de Bellune sur les Espagnols en 1809 et, depuis quelques années, siège d'une importante communauté de Jésuites.

Trois cents religieux, pères, novices et frères lais, forment le noyau de cette association conventuelle. Deux aimables jésuites m'ont fait les honneurs de leur maison, lourd édifice de la Renaissance dont les murs puent la discipline rigide et un ennui mortel. Les dalles de la chapelle où, chaque matin, les pères, par série de huit officiants, célèbrent à la fois la messe à huit autels distincts, portent encore la trace du sabot des chevaux de l'armée napoléonienne.

Malgré la promesse que je me suis faite en passant la frontière de respecter les voies ferrées, les vingt lieues de désert royal qui me séparent de la capitale ne me disent rien. Comme le vieil académicien Réhu, de l'*Immortel*, « j'ai déjà vu ça, moi. » Avec le cynisme du député votant contre sa profession de foi, je prends un billet à la gare de Tarancon et m'installe dans un compartiment du train qui va m'emporter à Madrid.

Chef-lieu politique imposé à l'Espagne par un caprice royal, la capitale des Castilles est un défi insolent à l'esprit fédéraliste de la nation et un contresens géographique. La vie artificielle de cette froide ville moderne, dépourvue de magnificences architecturales et de monuments historiques, est liée tout entière à l'existence de la Cour et des grands services de l'Etat. Amputé brusquement de ses prérogatives politiques et de son autorité administrative, Paris ne perdrait rien de son mouvement industriel, commercial et artistique ni de son influence morale. Que demain, à la suite d'événements possibles, le trône croule, entraînant dans ses débris ambassades, ministères, police centrale, Madrid descendra rapidement au niveau de ces *despoblados* qui lui font aujourd'hui une ceinture de ruines sinistres. Sa position si vantée au centre géométrique de la péninsule ne justifie aucunement sa destinée historique et ne prouve rien en faveur de son avenir. C'est un point singulier, sans puissance ni virtualité propres.

Si, à Madrid, comme l'a remarqué Edgard Quinet, « les monuments ne disent rien, les hommes parlent. » Causeurs intarissables, ils parlent des journées entières et recommencent le lendemain, sans que leur faconde faiblisse ou s'épuise faute d'aliment. Vous rencontrerez souvent un madrilène sans porte-monnaie, mais jamais vous ne le prendrez à court de nouvelles. Si le chat de la mère Michel lui manque, il vous servira la coqueluche du royal bambin, et vous n'échapperez au compte rendu de la dernière soirée de la Capitainerie générale que pour essuyer le récit des frasques amoureuses de la duchesse de Lavapiès, partie la veille pour Paris en compagnie du *matador* Guapito. Privez pendant huit jours un madrilène de nouveaux thèmes de conversation, il mettra le feu aux quatre coins de sa ville pour raviver la chronique locale expirante.

Au bout de quelques semaines de séjour dans la capitale, vous êtes séduit par la vivacité d'allures, la cordialité et la bonhomie narquoise des Castillans. En réalité, il n'y a pas plus de Castillans à Madrid que de Parisiens à Paris. Comme les Gascons et les Provençaux chez nous, les Andalous occupent ici toutes les fonctions politiques et administratives, depuis la dignité de premier ministre jusqu'au modeste emploi d'*alguazil*; dans les carrières libérales, la littérature et les arts, c'est la même invasion de méridionaux ambitieux, spirituels et hâbleurs.

Nous ne conseillerons jamais au criminel fuyant l'interview d'un juge d'instruction de se faire oublier dans cette ville aux murs de verre, fouillée par les cent yeux de mille Argus perpétuellement en éveil. Du soir au matin, une obscure intrigue de cour, la mieux cachée des infortunes conjugales, colportées de bouche en bouche de l'antichambre du palais royal au *Salon* du *Prado* et du parloir de la *Puerta del Sol* à la plus crapuleuse des tavernes du *Rastro,* passent à l'état de secrets de Polichinelle. Madrid n'est qu'un immense Landerneau, plus animé, plus varié, plus amusant que l'autre, où l'éternuement du voisin et le bruit d'un pétard se répercutent en tonnerre.

Au saut du train, j'ai rencontré sur le quai de la gare un de mes anciens camarades, façon de Gil Blas sans situation sociale définie, plus riche d'ailleurs de saillies que de pécunes, chronique vivante et supérieurement renseignée du Madrid scandaleux.

— Vous débarquez à point, murmure mystérieusement Gil Blas ; il y a de l'inédit sur la place.

— Y aurait-il de l'eau dans le Manzanarez ?

— Ne vous moquez donc pas de ce noble ruisseau.

— La République serait-t-elle proclamée ?

— Pas encore, mais nous y viendrons.

— En attendant, servez-moi donc le conte que vous brûlez de crier sur les toits.

— Le voici. Vous n'ignorez pas que le prince des Canaries est un fieffé braguard dont les Brantômes de la Cour ont renoncé par lassitude à enregister les prouesses galantes. Dès ses premières culottes, il donna des signes non équivoques d'une virilité peu commune. Terreur du domestique femelle du palais, il « tastonnait chambrières et gothons de cuisine, sens dessus dessous, sens devant derrière, harri-bourriquet, et déjà commençait à exercer... » ce que vous savez. Homme, son appétit du cotillon a tourné au satyriasis. Bon chien chasse de race, dit-on. Le prince a royalement continué la tradition de paillardise de la dynastie canarienne, famille d'agités, d'érotomanes et de cocus.

Encouragé par l'indifférence et l'apparente soumission de la princesse sa femme, ce drôle a poussé le cynisme jusqu'à faire du palais canarien le théâtre ordinaire de ses débauches. Mais tant va la cruche à l'eau que... Donc, la nuit dernière, profitant du sommeil de son entourage, Madame a gagné, à la sourdine, les appartements de son mari. D'un doigt tremblant elle frappe à la porte de l'antichambre où se tient en permanence un officier des chasseurs de la *Sierra Morena*, régiment de Son Altesse.

— Toc ! Toc !

— Altesse ! fait le planton qui ne peut s'expliquer un aussi grave manquement aux règles de l'étiquette.

— Oui, moi ! Veuillez avertir le prince de ma présence.

— Ma consigne s'y oppose ; Son Altesse ne saurait vous recevoir.

— Obéissez, vous dis-je.

— Je suis désolé de ne pouvoir me rendre à vos ordres, mais...

— Qui commande ici, monsieur ? Allez avertir le prince.

— Impossible, madame.

Exaspérée, la princesse a répliqué par un coup de revolver qui a fait sortir le mari de ses appartements privés. Toutes les supplications de sa paillarde seigneurie se sont heurtées contre l'inflexible volonté de sa femme, qui a pénétré de force dans la chambre à coucher. Sa rivale, dame très huppée, la marquise de la Pavera, chuchote-t-on, avait eu le temps de s'esquiver, mais le lit portait les traces irrécusables d'un récent combat amoureux.

Deux heures plus tard, l'épouse outragée quittait le palais avec ses deux enfants et quelques personnes de sa suite ; le train spécial était prêt à emporter les augustes voyageurs quand une délégation de hauts personnages, envoyés en toute hâte par le prince, a réussi à faire revenir l'illustre fugitive sur sa fâcheuse détermination. Dans cette périlleuse conjoncture, le ministre Pedro Grullo s'est élevé aux derniers sommets du pathétique ; les *alguaziles* et les hommes d'équipe de service sur le quai d'embarquement ne pouvaient, paraît-il, retenir leurs larmes.

Vaincue par l'éloquence des délégués, la princesse a consenti à rentrer au palais, mais elle a juré ses grands dieux qu'à la prochaine récidive de son volage époux elle se retirerait au Tyrol, son pays natal, et, cette fois, pour n'en jamais revenir.

Madrid, a conclu le narrateur, est en effervescence : de tous côtés les paris sont ouverts. Le prince renoncera-t-il à ses maîtresses ? La princesse tiendra-t-elle son serment ? *That is the question.*

La mode française est moins discutée à

Madrid que le pouvoir royal. C'est une divinité qui n'a pas d'athées. Le déplorable abandon du costume national, inauguré par les dames de l'aristocratie, a eu le succès de toutes les sottises. Aujourd'hui, être vêtu à l'instar de Paris est le rêve de tout ce qui se pique d'élégance. Seuls, les *gallegos,* ces Auvergnats de l'Espagne, porteurs d'eau, frotteurs, marchands de marée, et les nourrices de la Biscaye — *pasiegas* — sont demeurés fidèles aux seyants costumes de leur province ; mais ces utiles citoyens paraissent aussi dépaysés dans les rues correctes de la capitale qu'un brigand d'opérette dans une assemblée générale d'actionnaires. Comme le mélancolique héros d'une chanson autrefois célèbre, « leurs jours sont condamnés... » et ces derniers représentants de l'Espagne romantique ne tarderont pas à rejoindre la classique *manola* entrevue, vers mil huit cent quarante, par Théophile Gautier, dans une ruelle du *Rastro* — le Temple de Madrid — tombé lui-même sous le pic des démolisseurs.

Une fois l'an, aux approches du Carnaval, l'instar de Paris subit une éclipse appréciable, mais qui, malheureusement, ne dure pas. Pendant deux jours, des bandes tapageuses d'étudiants d'occasion, de *toreros* de contrebande, de *manolas* en guenilles, de capitans râpés, de moines de tout froc, de turcs crasseux et de chienlits obscènes règnent en souverains sur le pavé de la capitale. Il ne faudrait pas chercher la raison de cette extraordinaire levée de défroques plus extraordinaires encore dans un amour désordonné de l'art ou le culte pieux du passé. Non. Cette armée multicolore, qui remplit la ville de l'assourdissante rumeur de ses sérénades discordantes, demande prosaïquement l'aumône. Au lieu de la piller, comme cela se pratiquait couramment à l'époque de la monarchie absolue, « la moitié de Madrid mendie l'autre moitié; » procédé vraiment chrétien de s'approprier le porte-monnaie d'autrui sans assommades, ni effusion de sang.

Une joyeuse compagnie de viveurs, mêlée à cette descente de la Courtille, m'a entraîné au cabaret où nous avons dîné à l'instar de Paris. Par exception, je n'ai pas eu à gémir de « l'instar. »

Au dessert, on a dit mille injures à ce

pauvre Manzanarez, qui baigne de ses eaux somnolentes le jardin du restaurant, théâtre de notre petite débauche ; un jeune étourdi s'est vanté de le dessécher d'un trait. Mû par ce sentiment qui nous pousse à nous ranger d'instinct du côté des faibles et des opprimés, je me suis constitué d'office l'avocat de cette rivière infortunée.

« Comme Landerneau, Brive-la-Gaillarde, Montélimart, Coni, Nordhausen, le Manzanarez, avons-nous dit, appartient à cette légendaire famille géographique dont il suffit de citer un nom pour amener le rire sur les lèvres grasses du plus obtus des épiciers. La générosité de Dumas fils qui s'obstinait, comme on sait, à lui offrir un verre d'eau, fièrement repoussé d'ailleurs, entama la réputation du noble ruisseau madrilène, et Gautier mit le sceau à sa renommée ridicule en affirmant, sans preuves, que dans les grandes chaleurs on arrosait son lit avec de l'eau de puits ; plus tard, enfin, d'audacieux écrivains, encouragés par l'exemple de ces spirituels fantaisistes, n'ont pas craint de nier effrontément son existence. »

« En réalité, le Manzanarez n'a jamais eu la prétention de jouer au Mississipi, ni au Gange ; c'est un très honnête cours d'eau, fier de son origine, taciturne et hautain comme un gentilhomme des Castilles, se suffisant sobrement à lui-même, sans jamais rien emprunter à ses voisins, et qui, depuis les temps historiques, ne s'est jamais signalé par des débordements intempestifs. Fidèle au sol natal, il n'a pas été tenté de courir les aventures à travers le monde et s'est stoïquement contenté du modeste lit tracé par la main du Tout-Puissant. Certes, les protecteurs influents ne lui ont pas fait faute, mais, aussi dédaigneux des grandeurs que la Garonne qui, si elle « l'eût voulu, lanturlu, aurait pu être le Rhône, » le Manzanarez n'a pas voulu, lanturlu !

La collection des portraits du musée de Madrid, si riche d'ailleurs en chefs-d'œuvre, est le résumé fidèle et brutal de la décadence de la monarchie espagnole, depuis Charles-Quint jusqu'à nos jours.

Quelle odieuse ménagerie que cette longue

suite de toiles, brossées par des maîtres illustres. Au premier aspect, on croit à une méprise ou à une ironique fantaisie de l'artiste. Qu'ont voulu représenter, fixer en traits ineffaçables Titien, Velasquez, Pantoja, Coëllo, Mengs et Goya ? Des fauves altérés de sang et de carnage, des oiseaux de proie, de hideux reptiles gonflés d'un venin mortel ? Non. Des Rois ! Et ils les ont peints avec l'éclatante et vengeresse vérité du génie.

Surmontez le dégoût qui vous vient aux lèvres, approchez de plus près ces monstrueux porte-couronne, scrutez sans crainte ces figures hautaines, bestiales ou hypocrites ; démêlez hardiment l'homme sous le clinquant de la royauté. Leurs Majestés se prêteront de bonne grâce à votre analyse. La mort les a démocratisées, faites abordables.

A tout seigneur, tout honneur : voici d'abord Charles-Quint, mélange confus de deux races, visage double, bête par la mâchoire, esprit par le front élevé, œil pénétrant et profond, impitoyable chasseur d'hommes, goinfre et bigot, scribe formaliste et rêveur chimérique d'un impossible Empire, un saint peut-être ? à coup sûr un dément et un monstre : Charlemagne, Loyola et Falstaff à la fois. Près de lui ses pâles héritiers, Philippe II, énigme couronnée, face inquiétante et louche, œil indécis de tortionnaire débauché et béat : Philippe III, Philippe IV, masques blafards d'aristocrates efféminés, splenétiques, à bout de vie ; Charles II, âme débile dans un corps moribond. Cette femme maigriotte, triviale, au teint échauffé par la bile, suant la cruauté froide, la basse lubricité et la bêtise tenace, c'est Marie la Sanglante, femme de Philippe II, exécrable bourreau de ses sujets les protestants d'Angleterre. N'oublions pas le premier des Bourbons d'Espagne, Philippe V, au nez de Polichinelle retombant dans une bouche gourmande, paillard, dévôt et paresseux, donnant la moitié de son existence à l'Eglise et l'autre au lit. Deux figures effacées, deux quasi-rois, Charles III et Ferdinand VI, artisans malheureux de réformes demeurées lettre morte, semblent honteux de l'humiliant voisinage de leur pitoyable successeur Charles IV et de sa digne épouse Maria-Luisa. Ce pleutre au groin pustuleux, cocu, diffamé, souriant, ce déplorable Sire, instrument passif des jésuites, ridicule jouet de l'ambition de Bonaparte et des trahisons de son fils Ferdinand, ce lâche mari, complice bienveillant des fantaisies bestiales et ruineuses de sa criminelle compagne, affolée d'inavouables amants, fut roi ! Indifférent à sa politique néfaste, indulgent à ses faiblesses coupables et à la vie scandaleuse de son épouse, son peuple l'aima, et, faisant de la cause de ce roi de carnaval la cause même de la patrie, résista avec l'héroïsme que l'on sait à l'envahisseur appelé par ce monarque imbécile.

Cette fidélité quand même à ses rois est peut-être touchante ? J'avoue qu'elle m'irrite et m'épouvante. La vue des portraits de Charles IV et de sa royale guenipe est capable de convertir à la République le plus endurci des chouans. Jugez de l'effet qu'elle peut produire sur un homme déjà mal disposé, par tempérament et par raison, à l'endroit des têtes couronnées.

Plus indigné de l'incurable loyalisme du

peuple que des crimes et des lâchetés de ses maîtres, j'ai brusquement tourné le dos à toute cette imagerie royale, en faisant retentir la galerie du musée d'un énergique « Passez moi mon fusil. »

Cette exclamation, hautement scandée, m'a valu d'un gardien bêta la monumentale réponse que voici :

— Les armes historiques sont au Palais royal, *señor mio;* mais si vous désirez visiter l'*Armeria*, je puis....

— *Muchas gracias, amigo* : je reviendrai.

J'ai assez de la compagnie des rois. L'*Armeria* ne tente pas ma critique. Depuis que j'ai vu fabriquer par un paysan sarladais des haches et des outils de l'âge de pierre d'une perfection digne des plus habiles artisans des cavernes, ma ferveur archéologique a tourné au pyrrhonisme. L'épée de Hernan Cortez et le braquemart de Gonzalvo de Cordoba ne sont peut-être que d'anciens briquets d'une garde nationale défunte appropriés aux exigences de leur nouvel emploi. Qui sait si le casque du duc d'Albe, la borgognote de Philippe II et l'armure de don Juan d'Autriche, œuvres d'habiles faussaires contemporains, ne viennent pas en droite ligne d'un atelier du Marais ou du faubourg Saint-Antoine?

Décidément je suis trop sceptique: je n'irai pas à l'*Armeria real.*

Les poètes affirment que chaque pays murmure une chanson variant selon l'altitude, la pression barométrique, le relief et l'état de culture du sol. Quelques-uns, même, veulent que les montagnes chantent en mode majeur et les plaines en mode mineur; c'est possible. Quoique sevré avant l'heure par une Muse marâtre, j'ai cru saisir au vol le refrain narquois que siffle l'aigre bise de la Manche à l'oreille du voyageur lancé au travers de ses solitudes sans fin:

Si cette plaine vous embête,
Pourquoi ne pas la prolonger?

La chanson du pays de l'illustre chevalier de la Triste Figure est aussi monotone que la sempiternelle suite de champs plats et arides qui se déroulent le long de routes ironiquement rectilignes vers l'horizon sans limites. Parfois les ailes d'un moulin à vent réduit par la distance à la proportion d'un jouet, un clocher dressant timidement sa flèche au-dessus de bosquets d'oliviers poudreux trahissent l'existence de gros villages perdus dans l'immensité du steppe ; mais ces heureux accidents de perspective n'ont que la durée fugace des changements à vue d'une féerie ennuyeuse. L'oasis s'évanouit et fait place au désert.

Cette terre uniforme et nue, qui transsude le spleen et l'imbécillité, ménage une surprise à ses intrépides explorateurs : c'est le pays par excellence de la pure langue castillane et du gai-savoir. Les Manchegos aiment passionnément la danse, les chansons et par-dessus tout les romans d'aventures et les contes fantastiques. A la veillée, les jours de réunion, des aèdes campagnards improvisent, avec la verve malicieuse et joviale de leur ancêtre Sancho, d'interminables et confuses histoires de chevaliers redresseurs de torts, de sorciers mirobolants, de rois épouseurs de bergères, que le narrateur, à bout de souffle et peut-être d'imagination, renvoie brusquement à une séance prochaine, au grand désappointement de ses auditeurs.

Claquemurés dans des *pueblos* sans communications régulières, leur soif de nouvelles du dehors les rend très hospitaliers et il est rare qu'ils n'accueillent pas avec une bienveillance mêlée de curiosité le voyageur que les besoins de son commerce ou une erreur de route conduisent chez eux. Trop souvent mal avitaillées, les *posadas* de la Manche mettent avec générosité au service de leurs clients toute une batterie de guitares, de *panderos* et de castagnettes. A défaut d'*olla podrida* ou de tranches de jambon, l'hôte obséquieux et hâbleur vous régalera de savoureuses *seguidillas* ou d'un conte plein de sel.

Dans les cantons de la Manche comme chez les Touaregs, ces pirates pâles du Sahara, les hommes, insouciants, paresseux et illettrés, abandonnent le gouvernement de la maison à leurs femmes. Celles-ci dirigent l'exploitation des champs et tiennent les cordons de la bourse. Véritable ministre sans portefeuille, le *posadero* manchois joue dans son intérieur le rôle inutile et divertissant du clown Auguste. Quand la maîtresse du logis est lasse d'entendre son mari crier aux garçons d'écurie et aux maritornes des ordres contradictoires qui, du reste, demeurent lettre morte, elle l'envoie carrément promener et au besoin coucher.

— *Hombre !* commande sèchement la dame, dix heures sonnent ; au lit.

— On y va, *señora*, réplique le docile *posadero* qui s'éloigne majestueusement après avoir salué la compagnie d'un bonsoir protecteur.

Mon itinéraire à travers la Manche, serrant d'assez près celui de l'ingénieux Quijote, m'imposait une visite au village fameux du Toboso.

A Quintanar de la Orden, un fâcheux m'a indiqué le sentier qui, paraît-il, conduit dans la patrie de Dulcinée. Me suis-je égaré? M'a-t-on donné un fausse piste ? Le chemin aboutit à un immense plateau inculte. Me voilà bien logé. Ne sachant vers quel point m'orienter, je vais lâchement revenir sur mes pas, quand un paysan qui pousse devant lui une file d'ânes galeux chargés de fardeaux chimériques me met dans la direction rigoureuse du Toboso dont je ne suis séparé, selon son estime, que par deux petites lieues. Ces deux petites lieues brûlées d'un pas rapide, j'en fais une autre encore et, finalement, j'aperçois le clocher souhaité à la distance approximative d'une dernière petite lieue.

Nous l'avons dit : les Manchegos sont hospitaliers. Une pétulante et accorte *posadera* me donne la seule chambre logeable de son établissement. En attendant le dîner, je vais faire un tour dans le *pueblo*. Centre d'une oasis bien cultivée et riche en vignobles, le Toboso n'offre pas l'aspect terreux et attristant de la plupart des agglomérations rurales de la Manche. Les mendiants, ce cauchemar du voyageur en Espagne, sont inconnus dans cet heureux village qui, en revanche, est peuplé d'oisifs âpres à l'interview. Du seuil de maisons proprettes aux blanches façades enguirlandées de treilles vivaces, les honnêtes Tobosiens m'accablent de congratulations cérémonieuses et de cordiales offres de service, préludes d'une avalanche de questions sur la situation présente des partis, la santé du petit roi et de la régente, les faits et gestes de la ci-devant reine Isabelle que ces marauds traitent d'ailleurs avec une irrévérence marquée.

— D'où venez-vous, *señor?* demande l'un.

— Où allez-vous? fait un autre.

— De quel pays êtes-vous? réplique une femme.

— Que faites-vous? que vendez-vous? clament vingt voix.

— Monsieur est peut-être exilé — *desterrado* — observe un personnage qui doit être quelque chose comme l'*alcalde* ou le maître d'école.

— Je n'ai pas cet honneur; je suis tout simplement *comprador* — courtier en vins — pour le compte de la célèbre maison Marasquin et Cie, de Valence.

Qu'ai-je dit? grands dieux! Chacun a de la piquette à vendre et c'est parmi ces enragés viticulteurs à qui s'arrachera l'infortuné *comprador*. L'amour de la paix me dicte une décision qui donne une haute idée de mon esprit de justice aux candides naturels du

Toboso. Je visiterai successivement toutes les caves et goûterai de tous les vins.

— A ma stupéfaction, j'ai soutenu héroïquement jusqu'au bout mon rôle de *comprador* et suis rentré à la *posada* dans un état de perpendicularité idéale. La maison Mardsquin peut se vanter de posséder un solide représentant. Naturellement, je n'ai pas traité de marchés fermes. J'ai critiqué, déprécié, risqué à tout hasard des offres dérisoires, pris « bonne note » en vue d'une tournée prochaine et bu d'autant.

L'hôtelière qui tremblait de voir rapporter sur un brancard un client de ma distinction tombe en extase devant mon invraisemblable appétit. Accourus en foule à l'extraordinaire spectacle de mon dîner, les habitants du *pueblo* n'accordent que quelques heures de vie à l'imprudent courtier menacé d'une indigestion exemplaire. Sourd aux sinistres prédictions de la galerie, je donne des assauts réitérés à une jarre pansue pleine d'un joli petit vin clair,

Et sans mettre le nez dedans,
Je bois assez honnêtement.

L'entrée de deux voyageuses opère à point une diversion qui me délivre de l'importunité des curieux.

Types introuvables des pèlerins à bourdon de l'ancienne Espagne, ces femmes sont vêtues de longues limousines noires constellées de coquilles et coiffées de chapeaux de feutre à larges bords. Mes clients me délaissent pour courir vers les donzelles qu'ils soumettent au fastidieux interrogatoire que j'ai subi ce matin à mon arrivée. — D'où venez-vous ? Où allez-vous ? Qui êtes-vous ? Le questionnaire ne varie pas.

Il n'y a qu'un instant, j'étais le phénomène sans pareil, un fabuleux mérinos à cinq pattes, un épatant invalide à la tête de bois. Maintenant me voilà brusquement passé à l'état de vieille lune ou de comète chauve. Quelle gueuse que la popularité !

L'une des pèlerines, belle fille aux yeux pleins de promesses, qui paraît jouer dans la troupe dévote le rôle de régisseur parlant au public, n'a pas laissé sa langue dans le havresac qu'elle vient d'accrocher au porte-manteau.

Flanquée d'une sienne parente, elle va, dit-elle, en pèlerinage à Santiago de Compostelle, là-bas, bien loin, au fond de la Galice. Les étapes sont longues et fatigantes, les routes dangereuses pour de jeunes femmes dépourvues de protecteur ; mais la foi ne connaît point d'obstacles et Dieu, qui lit dans les âmes, la soutiendra en faveur de l'excellence de ses intentions. Encore quelques mois de misère, et elle pourra demander à l'illustre saint Jacques, patron vénéré de toutes les Espagnes, la guérison de son cher papa Miguel Hernandez, ouvrier rouleur aux mines du Rio-Tinto, qui, depuis un grave accident survenu au cours de son travail, n'est plus que l'ombre du vaillant pionnier, du parfait chrétien et de l'incomparable père de famille qu'il fut jadis.

A la demande générale, la géographie de la province de Huelva, pays d'origine de la verbeuse Andalouse, est venue se greffer sur le récit circonstancié du tamponnement dramatique du sieur Hernandez. Un instant, je me suis cru menacé d'un exposé de la théorie des gîtes métallifères et de l'exploitation technique des mines de cuivre du Rio-Tinto.

Comme tous les prônes, celui-ci s'est terminé par un appel véhément à la charité des auditeurs. La deuxième pèlerine, laide comme les Espagnoles quand elles se mêlent de l'être, a procédé à une quête à laquelle j'ai libéralement contribué.

La nuit a fini par avoir raison de la passion interrogante des Tobosiens. Lentement et à regret, chacun s'est retiré chez soi, laissant les étrangères devant les provisions de bouche qu'elles viennent de tirer des profondeurs de leur bissac.

Un pot de vin que je fais ajouter au maigre menu des pèlerines rompt la glace; la *posadera* expédie son époux au lit et nous prenons place autour de l'âtre gigantesque où pétille une claire flambée de sarments. Nous avons passé la veillée à faire des contes. J'en sais de fameux, de salés, de très salés même, mais Jacinta, la jolie coquillarde, en a dit de raides. L'amour filial et la dévotion au grand saint Jacques ne sont pas incompatibles avec le goût de la gaudriole et de la gravelure pantagruelesque.

L'hôtesse, qui m'a paru prendre un plaisir

extrême à ces histoires de corps de garde, se penche vers moi.

— *Señor,* murmure-t-elle à mon oreille, j'aurais un service à solliciter de Votre Grâce?

— Il vous est accordé d'avance, estimable tavernière.

— Voici : je n'ai qu'un lit à offrir à ces dulcinées et, par malheur, c'est le plus étroit de la maison. S'il ne vous répugnait pas d'offrir la moitié du vôtre à Jacinta, vous m'obligeriez fort. Cette chère enfant est digne de la pitié d'un galant homme, et croyez qu'elle vous saura un gré infini de l'attention. Elle me l'a dit.

— Mon cœur est aussi large que mon lit, *señora ;* dites à Jacinta que je la recevrai à draps ouverts.

— *Bueno ! bueno !*

Un discret hochement de tête de la prévenante hôtelière annonce à la jeune Andalouse l'heureux succès de son maquignonnage.

— Jacinta ! ajoute la bonne femme, suivez-moi, je vais vous indiquer votre lit.

Je m'attendais à trouver l'Antigone du Rio-Tinto pudiquement roulée dans les couvertures. Il n'en est rien. Vêtue de ses longs cheveux dénoués et d'une légère chemise au travers de laquelle s'estompent sa taille cambrée et les riches contours de ses seins rigides, elle récite dévotement les litanies de la Vierge ; sur la table de nuit, à côté de la chandelle allumée, repose une de ces monstrueuses *navajas* de la fabrique d'Albacete.

— Vous avez là un charmant joujou, mignonne, dis-je à cette créature sans préjugés.

— C'est mon porte-respect, minaude-t-elle, un ami sûr et fidèle qui ne m'a jamais fait défaut. Il s'appelle Orlando. C'est un beau nom, n'est-ce pas ? *señor mio*.

De violents coups de tonnerre, avant-coureurs d'un de ces foudroyants orages du plateau central de l'Espagne, saluent mon entrée dans le lit où vient bientôt se glisser l'étrange pèlerine avec une agilité de chatte.

— Dis-moi, ma petite amie, ai-je commencé sans autre précaution oratoire, tu n'es pas de Rio-Tinto ?

— Vous avez deviné juste, *señor* ; je suis née à Grazalema, dans la province de Cadiz.

— C'est avouer que ton père n'est pas plus

mineur que le sultan des Turcs, et que tu vas à Santiago comme moi.

— Mon père ! Je ne l'ai jamais connu, et il ne me reste de ma mère qu'un désagréable et lointain souvenir. Vous m'avez tout l'air d'un homme *décent* et je veux vous dire, sans en rien déguiser, les dernières pages de ma vie. J'avais quinze ans quand ma mère mourut. Un brave homme d'ecclésiastique, le licencié Truxillo, me recueillit et confia à un vieux rempailleur de chaises du pays le soin de m'apprendre un état. Trois années plus tard, le digne chanoine rendait sa belle âme au Seigneur, en ne me laissant d'autre héritage que l'exemple de sa vertueuse existence. Devenue grande fille et rempailleuse accomplie, je me dégoûtai vite d'un métier sans avenir et, un beau matin, légère de bagage et riche d'illusions, je décampai du *pueblo* natal sans en avoir préalablement fait sonner les cloches.

Je vous confesserai, *amigo*, que je n'ai jamais eu la passion désordonnée du travail et que mon amour de l'indépendance n'a d'égal que ma paresse. « Quelle carrière vas-tu bien entreprendre, Jacintilla ? me demandai-je en trottinant d'un pied leste sur la route de Cadiz ; la poignée de *douros* empruntés discrètement à l'épargne de ton vieux patron ne durera pas aussi longtemps que ta faim. Il faut prendre parti, ma fille. Si ton bienfaiteur le licencié était encore parmi les vivants, il te donnerait sans marchander un de ces bons conseils dont il était si riche ; mais, hélas ! il n'est plus de ce monde, le *pobrecito*. » Soudain le souvenir d'un mot familier à ce brave homme eut raison de ma perplexité : « *Numerus infinitus stultorum* », le nombre des imbéciles est infini, répétait souvent, après l'Ecclésiaste, le chanoine Truxillo. Cette parole décida de ma destinée et, séance tenante, je fis le serment de vivre désormais aux dépens de l'innombrable foule des pauvres d'esprit. J'ai tenu parole. Mais j'y songe, *señorito mio*, roucoule Jacinta dans son doux parler gaditan, vous devez être las de mon bavardage ; si nous parlions de « douces choses », veux-tu, *amigo de mi corazon* ?

Ami de cœur de la peu farouche pupille du licencié Truxillo, je ne saurais tarder à devenir « son lion superbe et généreux. »

8

Nous allons rire.

— *Amigo mio !* soupire Jacinta, lèvre à lèvre, ses yeux dans mes yeux, comme pâmée de désirs.

— *Amiga mia !*
— Soleil de ma vie !
— Arche de délices !
— Fontaine d'amour !
— Aimant de mon cœur !
— *Un besito por Dios ?*

Le dernier verset de ces litanies galantes s'est évanoui dans l'assourdissant fracas d'un maître coup de foudre qui a ébranlé la *posada* des combles aux couches les plus intimes de ses fondements.

V

*Oreste et Pylade. — Chez l'*ALGUAZIL*. — L'âme du* TUNANTE*. — Héritage inattendu. — Les scrupules de Vicenta Pipota. — Le calendrier andalou. — Un chef-d'œuvre. — Vandalisme catholique. — Types de touriste. — Duel original. — La maison de Sénèque.*

Voilà trois mortelles journées que je me morfonds d'attente à l'ombre du gothique pignon d'une *posada* de la maussade cité d'Alcaraz, curieux vestige de l'Espagne féodale dressant ses remparts noircis par les siècles et le dur climat de la basse Manche sur d'arides escarpements de roches ocreuses. Des pluies torrentielles ont détrempé les sentiers qui mettent en communication cette ville autrefois florissante avec la grande route d'Andalousie; pas un *arriero* — muletier — n'ose aventurer ses équipages sur des pistes gluantes où l'on enfonce jusqu'à mi-jambe. Et la pluie tombe toujours !

Las de ronger mon frein, je profite d'une embellie pour faire mes adieux à l'hôtesse.

— Puisque vous persistez, malgré mes conseils, à vous risquer dans la *sierra*, me propose l'obligeante dame, acceptez au moins la mante qu'a laissée autrefois dans mon auberge un voyageur surpris par la mort. Elle n'est point neuve, mais encore très sortable et vous sera d'un secours précieux.

Une servante exhibe l'objet, vénérable mante de bure fortement mangée par les mites et de coupe picaresque.

Pourquoi refuser l'aubaine ? La dépouille de mon défunt collègue me tiendra provisoirement lieu de parapluie.

J'endosse la cape et, en quelques rapides enjambées, je traverse le pueblo, sous la grêle des sympathiques *vaya con Dios* des timides citoyens d'Alcaraz, stupéfaits de l'audace grande du *señor forastero*.

Comment narrer les désolantes péripéties de cette funeste étape à travers un pays inculte et désert, sur des chemins transformés en rivières ? La nuit est faite quand, par aventure, je rencontre un gardeur de chèvres qui m'ouvre de bonne grâce la porte de sa misérable hutte.

Affamé et transi, je reprends, dès l'aube, ma course hasardeuse. La pluie a cessé, la température s'est radoucie et, quoique tourmenté et aride, le terrain commence à présenter quelques traces de végétation qui s'accentuent aux abords du Guadarmena, tumultueux *barranco*, affluent du Guadalquivir. Le temps est lourd ; la cape imbibée d'eau pèse sur mes épaules comme un carcan, et c'est avec un soupir de soulagement que je l'accroche au portemanteau de la première *posada* que je rencontre en entrant à Beas de Segura.

Tandis que le cordon bleu de la maison apprête mon dîner avec une nonchalance tout andalouse, un robuste gars de franche mine, vêtu du veston de velours et du large *flottard* de nos compagnons charpentiers, m'aborde très civilement.

— Veuillez m'excuser, monsieur, si ma question est indiscrète : seriez-vous Français ?

— Oui, monsieur, et croyez que je suis charmé de rencontrer un compatriote dans ce pays d'antipodes.

La présentation ainsi faite, François-Xavier Bordeneuve, c'est le nom du loquace et original piéton, m'apprend qu'il a quitté Carthagène depuis une semaine, et qu'après avoir escaladé au petit bonheur les pentes revêches de la *sierra* Sagra, il s'est égaré en chemin : d'où sa présence à Beas.

Nous dînons de compagnie et, devenus rapidement bons camarades, nous décidons de faire route jusqu'à Linarès, terme obligé du voyage de François-Xavier. Nature exubérante, énergique et droite, riant de tout et s'accommodant avec une imperturbable philosophie des pires conjonctures, Bordeneuve est un précieux compagnon de route.

La pluie a repris de plus belle. Il est convenu que la mante du défunt d'Alcaraz sera du voyage : chacun la portera à tour de rôle.

— Par les temps variables qui sévissent, observe judicieusement le charpentier, la cape du *tunante*, — car ce devait être un *tunante* renforcé que le ci-devant propriétaire de cette vénérable loque — remplacera avec avantage le riflard qui nous fait défaut.

Sur cette réflexion, nous levons le camp et nous nous éloignons de Beas en jetant aux échos étonnés le refrain de la fameuse scie populaire :

*Ils n'ont pas de parapluie,
Ça va bien quand il fait beau,
Mais quand il tomb' d' la pluie,
Ils sont trempés jusqu'aux os.*

Nous faisons halte à Villacarrillo le soir même des obsèques solennelles d'un Grand d'Espagne natif du lieu et de son vivant gouverneur de Madrid, ambassadeur à Paris, sénateur, commandeur, officier et chevalier d'une kyrielle d'ordres nationaux et étrangers à l'humilité chrétienne. Les posadas sont prises d'assaut par la foule des curieux accourus aux pompeuses funérailles de Son Excellence le marquis de Benavides.

Par aventure, un complaisant *alguazil* nous offre gracieusement l'hospitalité. Après dîner, profitant de l'absence de la maîtresse du logis qui vient de courir au Rosaire, nous envoyons prendre à la *tienda* voisine un pot de l'excellent vin blanc du crû que nous buvons à tasses pleines. Le digne *alguazil*, peu familier avec ces larges « réparations de dessous le nez », se grise abominablement. Dans son attendrissement il nous jure une amitié éternelle et veut à toute force aller nous présenter aux autorités locales. Sa femme arrive à point pour coucher l'ivrogne, difficile entreprise qui ne va pas sans cahots ni bordées d'injures épouvantables à l'adresse de ces c...oquins de *Franceses*. Nous rions comme des fous de cette petite scène de ménage ; ce qui redouble la fureur comique de madame l'*alguazil*.

On nous a logés dans une pièce immense et maigrement meublée de couchettes plates comme des galettes. Je dors bien. Le jour va poindre quand Bordeneuve me réveille. Je le dévisage, effrayé de l'altération de ses traits.

— Tu as une tête d'échappé de la Morgue, lui dis-je.

— On l'aurait à moins. Quelle nuit, mon doux Jésus ! La cape de ton *tunante* traîne un sortilège après elle.

— Tu plaisantes, très cher.

— Ecoute : tu sais que j'ai commis l'imprudence de faire jouer à cette loque le rôle de couvre-pied. Eh bien ! pendant « l'horreur de la profonde nuit » d'où nous venons fort heureusement de sortir, il m'a semblé que la cape s'était transformée en pierre tombale sous laquelle je râlais désespérément.

Que Belzébuth me brûle si cet infernal *picaro* n'a pas laissé son âme dans la trame de sa défroque maudite !

— Effets du vin blanc et de la fumée des cigarettes.

— Ce haillon est ensorcelé, te dis-je. Fais-en cadeau à l'honnête épouse de l'*alguazil*. C'est un moyen généreux et pratique de nous en débarrasser.

Je vais offrir la mante à notre bougonnante hôtesse quand les premières gouttes d'une pluie fine et drue arrêtent net mon élan de générosité.

— Tu as tort, répète Bordeneuve ; ton entêtement à conserver ce chiffon nous portera malheur.

Maussade journée. L'averse nous fait cortège jusqu'à Ubeda, terme de notre étape. La cape noyée, étoilée et tachée de boue, n'est plus qu'un objet sans nom qu'il serait scandaleux de produire en ville. D'un mouvement brusque, je l'arrache de mes épaules et l'envoie s'aplatir dans le fossé de la route. Mais, à peine la mante a-t-elle touché terre que mon camarade s'en saisit vivement et, s'avançant vers moi avec un dandinement comique et de terribles roulements d'r dans la voix.

— Monseigneur a sans doute entendu parler de deux étudiants de Salamanca qui...

— Va-t-en au diable, maître fou, toi et tes contes !

— Vous savez donc, reprend le facétieux Bordeneuve, que deux jeunes étudiants qui se rendaient à Salamanca, s'arrêtèrent un jour au bord d'une fontaine près de laquelle le licencié Pedro Garcias avait enterré son âme...

— Assez ! J'ai lu *Gil Blas*.

— Inutile donc, Excellence, de vous narrer par le menu comment l'un des étudiants devint l'heureux héritier du susdit Pedro Garcias.

— Inutile, *caballero*.

— Puisqu'il en est ainsi, il ne nous reste qu'à entrer à Ubeda, où j'exhiberai devant tes yeux ébaubis, sous une forme tangible, sonnante et trébuchante, l'âme du *picaro* renfermée dans ce lambeau de bure que tu allais inconsidérément abandonner au hasard.

— Tu es fou, te dis-je ! En route !

— C'est toi le fou, étudiant présomptueux et frivole ! En route donc.

Après dîner, Bordeneuve m'invite à le suivre dans la chambre que l'hôtelier vient de nous faire préparer.

— Silence ! murmure Bordeneuve qui, après avoir soigneusement refermé la porte et tiré de sa poche une paire de ciseaux empruntés à la *posadera,* entreprend avec hardiesse la dissection de la cape largement étalée sur le lit.

O stupéfaction ! A chaque morsure de l'acier, un louis, séparé de son voisin par une mince cloison de toile, surgit rutilant, et il en surgit successivement une trentaine habilement dissimulés dans l'épaisseur des doublures.

— Eh bien ! monsieur le sceptique, ricane François-Xavier, crois-tu maintenant à l'existence du noble hidalgo *Fulano de Tal,* baron d'Alcaraz et autres lieux qui, *ochavo* par *ochavo, cuarto* par *cuarto,* transmués, au fur et à mesure de leur cueillette, d'abord en argent, puis en or, courut trente ans les Espagnes, et souffrit mille morts pour laisser l'héritage que voici à de fantastiques collatéraux ici présents? Enfoncés Lesage, le licencié Pedro Garcias et la littérature picaresque. Vive notre oncle d'Alcaraz !

Je ne rêve pas ; il y a là, devant moi, trente-cinq pièces d'or aux effigies diverses formant le très appréciable total de sept cents francs.

— Abandonneras-tu désormais les capes de *tunantes* aux hasards du grand chemin? — Oseras-tu proposer d'y tailler des jupons aux épouses d'*alguaziles* de rencontre?

Sur ces amicales railleries nous nous endormons du sommeil des gens moulus et contents de leur journée, après avoir porté un toast enthousiaste à la résurrection de l'âme du licencié d'Alcaraz.

Je me sépare à Linarès de mon joyeux camarade que je charge de gérer l'héritage commun.

— Puisque tu renonces gracieusement à ta part, me dit l'excellent Bordeneuve, j'accepte le magot, mais à une condition expresse.

— Laquelle ?

— C'est que tu conserveras à titre de souvenir de notre extraordinaire aventure le doublon qui, s'échappant de la cape au moment où tu la jetas dans le fossé, fut l'indice révélateur de l'existence de l'âme enfermée dans ses plis. Embrassons-nous, mon pays, bon voyage et au revoir.

Je retrouvai plus tard Bordeneuve à Madrid.

— Décidément, j'avais raison, m'avoua-t-il avec une mine mélancolique, la cape du *picaro* était ensorcelée. Le soir même de notre séparation ma mauvaise étoile me poussa dans un tripot où se jouait une partie tentante de « chemin de fer. » Tu n'ignores pas, sans doute, que les petits-neveux de Fernand Cortez manient les cartes comme les plus authentiques descendants d'Alcibiade. En quelques coups je fus dépouillé jusqu'au dernier *cuarto* ; mais, rassure-toi, la perte de notre trésor n'altéra pas sensiblement ma bonne humeur. Je me consolai de cette infidélité de la fortune en songeant que ce qui vient au bruit du tambour...

... S'en retourne au son de la flûte, n'est-ce

pas ? C'est un proverbe que jamais personne n'a encore fait mentir.

Longtemps, je promenai dans mes poches le doublon échappé au naufrage de l'âme du licencié, puis, un jour, tourmenté d'appréhensions ridicules, je finis par l'offrir au curé d'une misérable paroisse de la *sierra* d'Albarracin, sous réserves de messes à dire à l'intention de l'inconnu d'Alcaraz.

Le *capellan* considéra un instant la pièce d'or avec une expression de dégoût mêlé de crainte ; l'appât du gain l'emportant sans doute sur ses scrupules religieux, il s'en saisit vivement et s'éloigna sans sonner mot.

A n'en pas douter le digne porte-soutane me prit pour un de ces hardis mais peu délicats *bandoleros* qui à cette époque terrorisaient la province de Teruel. Il était écrit que l'âme du *tunante* ne devait pas profiter à ses trop prodigues héritiers.

Qui donc a prétendu qu'il ne pleut jamais en Espagne ? Depuis une semaine je ne marche plus, je nage ; la nature tombe en déliquescence ; les routes saturées de pluie coulent sous mes pas ; les arbres vacillent au moindre souffle sur un sol spongieux, semi-fluide ; le Guadalquivir, grossi par mille affluents, roule avec un bruit d'orage entre ses rives érodées par un courant invincible et destructeur. *Que d'eau! Que d'eau!* A des pâtis inondés succèdent des landes et des taillis de chênes verts ; des cigognes, plantées sur une patte, regardent d'un œil effarouché le téméraire piéton hasardé dans ce paysage aquatique, puis s'envolent, avec de lourds battements d'ailes, en poussant de rauques couacs-couacs.

Au bas d'une côte, l'administration des diligences a établi un relai. J'entre dans la *venta* attenante aux écuries. Une assez jolie servante me sert l'inévitable verre d'*aguardiente,* effroi du voyageur altéré.

— Suis-je loin de Cordoue, ma belle enfant?
— *Un cuarto de legua, señor.*

En bonne arithmétique andalouse, ce quart équivaut à une bonne lieue et demie. Me voici fixé !

La moderne Cordoue est une ville triste aux rues étroites, tortueuses et désertes, pavées de galets pointus empruntés aux grèves du Guadalquivir. Les averses diluviennes qui, depuis cinq semaines, noient le massif de la *Sierra Morena,* ont supérieurement suppléé au fonctionnement embryonnaire de la voirie municipale ; par extraordinaire, rues et places sont d'une propreté flamande. Cet état de choses finira avec la pluie.

J'ai vainement cherché l'enceinte fortifiée et les cent trente portes mentionnées par certains voyageurs. Quelques pans de murailles croulantes dévorées par le lierre, des parties d'arceaux engagées dans d'insignifiantes constructions modernes, voilà tout ce qui reste de ces remparts fameux que d'imaginatifs écrivains n'ont jamais vus qu'en rêve.

La semaine sainte commence aujourd'hui. Cordoue, morne et silencieuse, s'endort sous un crêpe de deuil ; les heures paresseuses s'égrènent sourdement dans un ciel sans échos ; l'imminence de la Passion de l'Homme-Dieu suspend le cours de la vie sociale de ce peuple plus dévot que croyant. Le vice lui-même n'échappe pas à la contagion du spleen sacré qu'engendre le retour de l'anniversaire du drame suprême du Golgotha.

J'ai cru un instant qu'il me faudrait avoir recours à l'intervention de la force publique pour me faire ouvrir la porte d'une maison qui d'ordinaire n'impose pas de surnumérariat à ses hôtes de passage.

— Il n'y a personne, répond à travers le judas l'aigre fausset de la tenancière ; ces demoiselles sont au sermon.

— Je ne suis pas pressé ; j'attendrai vos nièces devant un verre de *manzanilla*.

— Inutile d'insister, *señor mio*, je ne vous ouvrirai pas ma porte. La semaine sainte m'impose des devoirs imprescriptibles et je ne saurais permettre qu'il se commette cette nuit des péchés sous mon toit.

— C'est parler en bonne catholique, *señora*. Je vous remercie de m'avoir rappelé au respect des saints commandements de l'Église. Comme vous j'ai l'horreur du péché. Bonsoir, respectable Vicenta, je cours faire hommage au trésor de Notre-Dame-de-Guadalupe des trois misérables douros que j'avais fait le vœu impie de dissiper follement chez vous.

Le Sésame ouvre-toi n'aurait pas mieux réussi que mon hypocrite menace.

— Plus bas ! mécréant que tu es, bougonne la duègne en m'introduisant dans le corridor ; mais jure-moi sur ton baptême que tu n'élèveras pas la voix et respecteras mon mobilier.

— Je serai muet comme poisson, *señora* Vicenta, doux comme miel, foi de vieux chrétien.

Que faire en pareil lieu que d'y chanter à pleine gorge l'éternelle et toujours neuve chanson de Madame Gaudichon ? C'est ce que je fais sans plus me soucier de mon serment que de la vertu de la demi-douzaine de gourgandines enfarinées qui se disputent mon cœur.

— Silence ! Incarnacion, répète la duègne scandalisée. Plus bas, Mercedès ! Ferme la fenêtre, Lola ! Chantez en sourdine, *señor francés !* Les *serenos* vont faire irruption céans ! Songez à votre salut éternel, marranes de l'Antéchrist ! Il est minuit, *caramba !* et nous voici en pleine semaine sainte.

La respectable matrone prêche dans le désert. Incarnacion ne se tait point, Mercedès crie plus fort, Lola passe son adorable frimousse à la fenêtre, j'épuise les cordes les plus élevées de mon registre vocal. Nous appelons les gardes de nuit qui ne se font pas prier pour accepter un verre de *manzanilla*. Les *serenos* abreuvés, la fête reprend avec un beau tapage de guitare et dure sans accrocs notables jusqu'au jour.

Il n'y a pas de pays où les saints soient honorés avec plus de ferveur qu'en Andalousie. D'obscurs apôtres, de contestables docteurs, des martyrs suspects, des vierges équivoques y sont prétexte à fêtes carillonnées. Avec plus de raison que le savetier de La Fontaine, le riverain du Guadalquivir pourrait se plaindre que l'on le ruine en jours fériés et que monsieur le curé « de quelque nouveau saint charge toujours son prône. » Dimanches, fêtes légales et extra-légales déduites, il ne reste pas deux cents jours ouvrables dans le calendrier andalou. Si l'on ajoute à cette désastreuse multiplicité de *funciones* religieuses, la rareté des capitaux, l'incurie des grands propriétaires, le manque d'initiative et l'ignorance des classes rurales, l'on s'expliquera l'état d'infériorité de l'agriculture d'une des plus fertiles contrées du globe. Cordoue qui, à l'époque de la domination arabe, comptait un million d'habitants, n'en a pas aujourd'hui cinquante mille. L'Inquisition, la conquête de l'Amérique, les guerres civiles et une suite non interrompue de gouvernements aveugles ont fait de cette grande capitale, qui, au douzième siècle, fut le plus vaste foyer scientifique et artistique de l'Europe, une nécropole sans vie intellectuelle, sans commerce, sans industrie.

De ses innombrables monuments d'autrefois, Cordoue n'a conservé que la grande mosquée. Les terribles moines du Saint-Office ont respecté ce chef-d'œuvre, comme un brigadier de hussards peut respecter une fille publique. La crasse du fanatisme catholique s'est imprimée sur les guipures de stuc polychrome échappées au badigeon brutal des soudards d'Isabelle ; une cathédrale adventice a poussé comme un hideux fongus à l'ombre des mille colonnes de ce temple incomparable ; la voix des orgues et les chants liturgiques sonnent faux et s'éteignent dans les capricieux entrelacs des voussures ; les saintes images exilées dans cette maison étrangère semblent murmurer à l'oreille du touriste : Un déménageur, s'il vous plaît ?

Quoique profanée, salie, amputée, la mosquée de Cordoue n'en demeure pas moins la plus harmonieuse production architectonique du génie humain. Il est des monuments plus vastes, de masse plus écrasante, d'ordonnance plus savante et compliquée, de décoration plus riche ; aucun n'atteint l'idéal de destination de celui-ci. C'est le temple par excellence de l'islamisme, oasis pétrifiée évoquant aux yeux des fils du Prophète les mirages colorés et le religieux silence des incommensurables plaines du Hedjaz.

Sous la meurtrissure du plain-chant bourdonné par des maroufles de chantres galopant l'office romain d'une voix nasillarde et distraite, l'âme devenue musulmane au contact des merveilles de l'art arabe rêve de hautaines figures de Kalifes vainqueurs faisant sonner leurs éperons d'or sur le seuil de la maison d'Allah, rouge du sang des giaours décapités, et de mélopées gutturales soupirées par un chœur d'invisibles odalisques dans le mystérieux demi-jour de cette forêt de marbre.

Un Anglais butor, absorbé par la lecture de son guide, me froisse maladroitement au passage. Bonsoir mon rêve! Plus heureux que nous, nos petits-neveux pourront, à défaut des scènes truculentes d'une impossible invasion de l'Islam, s'offrir l'audition du *Désert* de Félicien David, à la mosquée de Cordoue, définitivement laïcisée, dans un siècle ou deux, alors qu'il n'y aura plus ni Pape, ni rois, ni propriétaires, ni chapitres de chanoines iconoclastes.

En sortant de la cathédrale je suis allé voir arriver le train de Madrid. La gare qui ressemble à toutes les gares est située dans un quartier neuf, plus rectiligne, moins pittoresque que l'ancienne ville, mais infiniment plus aéré et moins sale. Pendant la semaine sainte le train débarque de pleins vagons de touristes à tarif réduit. Comme partout, les Anglais dominent. On trouverait plutôt un lit d'auberge espagnole veuf de punaises qu'un site célèbre ou un monument historique de la péninsule sans Anglo-Saxons. Seuls ou par bandes, ils vont, block-note et crayon en main, assommant ciceroni et gardiens de questions saugrenues, ne respectant aucune consigne, s'assurant *de visu* des plus vulgaires particularités. J'en ai vu un à l'Escorial entêté à vouloir visiter les water-closets. Le conservateur du palais lui fit entendre, non sans grande dépense de rhétorique, qu'à l'Escorial comme à Versailles les Majestés royales dédaignaient l'usage par trop bourgeois de ces petits locaux intimes. Non content de gâter le paysage par son odieuse présence, John Bull est pris de la rage d'en fixer le souvenir sur son album. Les croquis et les notes recueillis depuis un siècle par les touristes anglais ne tiendraient pas dans l'immense hall de *Cristal Palace*.

Le Français, nous ne parlons pas de l'artiste, voyage en coup de vent, à la vapeur. « Glissez, mortels, n'appuyez pas. » Éreinté par dix heures d'express, il descend à l'hôtel indiqué par le guide, et, après un repas généralement exécrable, se lance à la découverte sous la conduite d'un trucheman hâbleur et illettré, mais le plus souvent au hasard de l'inspiration. Il fait le tour de la ruine, traverse l'église, le palais ou la galerie d'art, passe sans les reconnaître devant les plus purs chefs-d'œuvre, et rentre très satisfait à son auberge d'où il repartira le soir même pour recommencer le lendemain. Demandez au retour à cette victime des trains de plaisir et des agences économiques ce qu'elle pense de l'Espagne, elle vous répondra que c'est « un pays assez drôle. »

Un homme d'esprit a résumé l'impression d'ensemble de ces voyages circulaires à tarif réduit en quelques mots dont la publication ne conduirait pas leur éditeur à la faillite. « L'Espagne, lisons-nous sur son manuscrit, est une ligne brisée partant de Port-Bou, passant par Barcelone, Valence, Cordoue, Séville, Madrid, Burgos, et finissant à Hendaye. ».

Pendant mon séjour dans l'ancienne capitale des kalifes j'ai eu la bonne fortune d'observer quelques variétés de la race touriste.

Voici d'abord le touriste ennuyé et somnolent qui voyage parce que cela se fait dans son monde. Un jeune monsieur long, efflanqué, niaisement correct, traînant à sa remorque deux demoiselles de moyenne vertu. Vautrées sur les coussins d'un landau qui a toutes les peines du monde à tourner dans les rues étroites du quartier de la mosquée, ces dames rient aux éclats de l'impayable silhouette d'un clergyman abîmé dans la contemplation d'indéchiffrables inscriptions arabes ; impassible, le jeune crevé regarde avec des yeux de poisson cuit les mendiants criards ameutés autour de la voiture dans l'attente d'une aumône qui ne viendra pas.

Au pied de la tour carrée opposée à la cathédrale, un vieillard alerte et propret compte méticuleusement les rangées de clous à tête saillante d'une porte dont il vérifie la nature métallique en cognant des phalanges sur ses panneaux de bronze. C'est M. J. J. de la Bletterie, chef de bureau à la direction générale du timbre, et archéologue amateur. Depuis dix ans il travaille à un mémoire sur les alliages et les procédés de fonte en usage sous la dynastie des Abbassides. Chaque printemps ce doux maniaque profite des trains de plaisir pour venir éclaircir sur place quelque point obscur de la métallurgie arabe demeuré réfractaire à sa perspicace analyse. Vous le retrouverez invariablement aux mêmes époques de l'année à Cordoue, Séville et Grenade auscultant, grattant, prenant note sur croquis. M. J. J. de la Bletterie résume le type du touriste savantasse et gobeur.

Mais j'oubliais de vous présenter le plus réjouissant de tous les voyageurs passés, présents et à venir, le touriste épicier et parisien, M. Troussard, des Batignolles.

Retiré, après fortune faite dans le commerce des couleurs et vernis, l'honorable négociant a voulu offrir une excursion *tras los montes* à sa petite famille composée de son épouse Isaure, née Loiseau, et de ses trois demoiselles. Le voyage est un peu coûteux, il est vrai, mais, que diable, on ne peut pas non plus borner son horizon de rentier cossu aux perspectives banales du paysage de Seine-et-Marne, ni villégiaturer à perpétuité dans les écœurants « petits trous pas cher » de la côte normande. D'ailleurs tout le monde ne peut se payer un tour en Espagne ; il faut des moyens ; mais on en a, et on n'est pas fâché de le montrer aux voisins, en général, et en particulier à cette pimbêche de M'ame Cabasson qui a toujours l'air d'humilier ses invités avec son ascension manquée de la Jungfrau.

M. Troussard qui, en sa qualité de marchand de couleurs, se targue de quelque esthétique, a décidé que la mosquée de Cordoue est un morceau d'architecture « assez conséquent ». Madame déclare que ses bottines la blessent outrageusement et que le pavé pointu de cette sale ville est la mort de la chaussure. En personnes bien élevées, les petites Troussard sont de l'avis de leurs auteurs. Au fond, elles trouvent que toutes ces vieilles machines-là, c'est un peu « bassin. »

Mes Batignollais m'ont entraîné jusque dans la rue des *Infantes*. Un groupe d'abominables voyous, parmi lesquels je remarque quelques Français, se dirige en toute hâte vers le Guadalquivir. Qui va-t-on noyer ? J'apprends qu'il s'agit d'une affaire d'honneur que l'on court vider à l'*Alameda* ou square du *corregidor*. Francisco Navahanda, le prince des *jaques* — fier-à-bras — de Cordoue doit se mesurer avec un mineur français connu dans le monde où l'on s'assomme sous le nom de Santiago.

Je me mêle à la société des duellistes et de leurs témoins très flattés de la présence d'un homme *décent*, comme on dit ici, à cette petite fête de la *navaja*.

Arrivés sur le terrain, le directeur du duel compte quinze pas et place les adversaires à l'extrémité de la ligne qu'il vient de tracer. Navahanda assure dans sa main droite un énorme couteau qu'il laisse retomber le long de sa cuisse en attendant le commandement.

Aux termes d'un procès-verbal arrêté dans un bouge de la rue des *Infantes* où est née la querelle, le Cordouanais ne doit lancer son arme qu'au signal du chef de combat. Par forfanterie patriotique, Santiago, sorte d'Hercule à face de brute, n'a voulu s'armer que d'une simple espadrille qui lui servira de bouclier. Le nombre des coups ne doit pas dépasser la demi-douzaine, s'il y arrive.

— *Anda ! señores* — allez ! messieurs —

Un ! La *navaja* lancée d'une main experte dévie au brusque contact de l'espadrille de Santiago. Deux ! Trois ! Comme attirée par une force magnétique la lame vient se prendre à chaque passe dans l'épaisseur de ce bouclier original. C'est à se croire aux Folies-Bergères.

Les muscles de l'Espagnol se contractent ; ses lèvres frémissantes blanchissent ; ses yeux injectés flambent sous la poussée d'une colère arrivée à son paroxysme.

Anda! Francisco, hurlent les *jaques* cordouanais.

— Ouvre l'œil, Santiago ! murmurent les acolytes du mineur.. Quatre ! Cette fois le couteau traversant l'espadrille vient effleurer la poitrine du Français.

— Bravo ! Francisco !

— Attention, Santiago !

Cinq ! Tremblant de rage le roi des fier-à-bras manque le but. Six ! Deux *alguaziles*, amenés par hasard sur le terrain de la rencontre, cueillent les combattants qu'ils emmènent au poste malgré les protestations indignées de la galerie.

Certes, le mineur est d'une belle force à l'espadrille de combat, mais il fera bien de quitter Cordoue. Depuis l'épouvantable sac de cette ville par nos troupes, en 1809, ses habitants ne portent pas les Français dans leur cœur, et Santiago pourrait payer d'un traître coup de *navaja* sa victoire personnelle et les cruautés inutiles des soldats ivres du général Dupont.

Sur la *plazuela* Saint-Raphaël, j'ai rencontré M. et Mme Duflost. Notez que l'excellente Mme Duflost a l'horreur des longs déplacements, des tables d'hôte et des lits d'auberge. Après avoir arraché à son conjoint ce voyage circulaire par six mois de tortures domestiques, l'aimable personne est partie la rage au cœur, pestant contre elle-même et le succès inattendu de ses manœuvres, mais elle est partie pour ne pas avoir l'air de reculer devant sa victime.

Le nez au vent, effarés, les deux époux se sont arrêtés au milieu de la place ; ils sont à la recherche de quelque curiosité introuvable. Je m'approche.

— Tu vois bien, gémit Mme Duflost, que tu m'as fait prendre une fausse direction. Montre-moi donc ta fameuse *maison de Sénèque*. Encore, si monsieur était capable de demander son chemin ; mais non ! monsieur demeure planté sur ses pieds, comme un dieu Terme.

Quand je pense que tu m'as prêchée pendant six mois pour me mener mourir dans ce pays de malheur ! Mais réponds donc, défends-toi un peu pour voir ?

M. Duflost pousse un soupir.

— Tiens ! peut-être ce monsieur saura nous renseigner, continue la pétulante bourgeoise en s'avançant vers moi.

— La *maison de Sénèque*, s'il vous plaît, monsieur ?

— A deux pas d'ici, madame. Voyez-vous dans cette rue, à gauche, une maison à la façade peinte mi-partie bleu et blanc ?

— Oui, monsieur.

— C'est la *maison de Sénèque*.

— Merci, monsieur. Vous êtes bien aimable.

— Toujours à votre service, madame.

Le tyran en jupon s'est trop pressé de me remercier. Je l'ai tout simplement envoyé à la joyeuse hôtellerie tenue par la respectable Vicenta Pipota. Lieu de naissance possible de l'illustre rhéteur Sénèque, ce douteux monument historique n'est aujourd'hui que ce que les Andalous appellent par un adorable euphémisme *una casa de eso* — une maison de... ceci.

VI

Le pavo bailador. — *Aux Capuchinos.* — *Truandaille.* — *Une vertu théologale.* — *Le bal des suspects.* — *Attendez-moi sous l'orme.* — *Les* marismas. — *Naufrage.* — *La chèvre de M. Seguin.* — *Alerte nocturne.* — *Terre !*

Promesse faite à ma logeuse, notable tavernière du faubourg de Triana, de veiller avec une sévérité d'eunuque sur les écarts possibles de sa jeune nièce, la respectable matrone me confie Soledad que je conduis ce soir au théâtre du *Pavo bailador* — dindon danseur — spectacle sensationnel de la grande foire annuelle de Séville.

— Ne perdez pas de vue ma Soledad, *buen señor*, répète la digne femme, c'est la perle du *barrio* — quartier, — un trésor d'innocence et de grâce qui fera la joie de son époux.

Sans y mettre malice, la duègne me rappelle Hyacinthe et son éternel « Rendez-la heureuse, Lysis » dont il assommait le fiancé de la *Mariée du mardi-gras.*

Deux pimpantes *cigarreras*, amies de ma protégée, nous rejoignent, et me voilà parti vers l'Esplanade, siège de l'assemblée foraine, tiré à hue et à dia par mon trio d'impatientes donzelles.

Nous arrivons enfin.

Juché sur l'estrade d'une loge éblouisssante de gaz, un équivoque personnage coiffé du fez des Levantins aboie le boniment aux échos de la place.

« Le phénomène que je vais avoir l'honneur de vous présenter, mesdames et messieurs, a reçu l'approbation unanime des sommités scientifiques de l'Europe. Charcot, Pasteur, de Paris, Sir John Tyndall, Crookes, de Londres, Helmholtz, du Bois-Reymond, de Berlin, Mantegazza, de Milan, ont déclaré que le *pavo bailador* était l'une des plus étonnantes trouvailles de l'ingéniosité humaine.

« Oui, mesdames et messieurs, et personne ne me contredira dans l'illustre cité de Séville, surnommée à si juste titre par les poètes la reine du Guadalquivir, j'ose affirmer que le *pavo bailador* est la preuve vivante et manifeste de la prédominance de l'esprit sur la matière, de la suprématie de l'homme sur l'animal.

« Des lions, des tigres, abrutis par l'esclavage et affaiblis par un entraînement spécial sur lequel vous me permettrez de glisser, exécutant sous la cravache du dompteur des exercices de voltige élémentaire, n'excitent plus aujourd'hui la curiosité du public éclairé ; mais un dindon, volatile stupide et lourd, dansant en mesure les pas les plus compliqués, depuis la simple polka jusqu'à la *jota* aragonaise et le *vito* andalou, voilà un instructif et rare spectacle qu'il était seul réservé au dix-neuvième siècle, ce siècle de toutes les lumières et de toutes les audaces, de présenter à l'admiration des foules.

« C'est dans quelques minutes que le *nec plus ultra* de la science contemporaine va commencer ses stupéfiants exercices. Malgré un succès sans précédents, le prix des places n'a pas été augmenté et demeure fixé comme devant au prix d'un *réal*, d'un misérable *réal*.

« Entrez ! Prenez vos places. »

Aux accents belliqueux de l'hymne de *Riego* mugi par un orgue criard, les badauds s'engouffrent dans la loge où je parviens à caser au premier rang ma cuadrilla enjuponnée.

Un pitre présente le dindon qu'il dépose sur une plate-forme circulaire dressée au centre de la loge foraine.

—Attention ! s'écrie l'imprésario ; la séance va commencer. En avant la musique !

Dès les premières mesures d'une pavane au rythme lent et solennel, le volatile se dresse sur ses ergots, retire une patte, lève l'autre en roulant des yeux effarés. L'orchestre va *crescendo* ; la bête vire sur elle-même, esquisse des pas imprévus accompagnés de fous battements d'ailes et de grotesques contorsions du col.

Les spectateurs trépignent, poussent d'éclatants vivats, quand la brusque apparition de deux *alguaziles* met fin à cette crise d'enthousiasme. Nous ne tardons pas à connaître l'origine de cette désolante intervention de la force publique.

Furetant autour de la loge, des gamins — cet âge est sans pitié, sous toutes les latitudes — ont aperçu par l'entre-bâillement de deux toiles mal jointes un réchaud de charbons incandescents dont la vive chaleur, amenée par conductibilité aux pattes de l'infortuné *pavo*, transformait sans autre éducation préalable le pesant gallinacé en étoile chorégraphique de première grandeur. Avisés de la fraude, les *alguaziles* viennent, d'autorité, procéder à la fermeture de l'établissement.

La décevante nouvelle court dans l'assistance ; des clameurs indignées s'élèvent ; une foule grondante s'amasse aux abords du théâtre forain.

Certes, l'Espagnol est prodigieusement gobeur et bon enfant, mais sa colère n'a plus de bornes dès qu'il s'aperçoit qu'on l'a berné. Ivre de vengeance, la populace prend la baraque d'assaut, brise les bancs, crève les toiles, met l'orgue en pièces. En quelques minutes l'incomparable loge du *Pavo bailador* n'est plus qu'un monceau de matériaux informes que commencent à dévorer les flammes d'un incendie allumé par des mains implacables. A mort le charlatan ! Au Guadalquivir le voleur ! hurlent de sinistres faces de marlous et de *pinchos* — filous — attirés par le tumulte. Mais le prudent banquiste a pris les devants, recette en poche.

O injustice des choses d'ici-bas ! C'est l'artiste emplumé qui va payer pour son peu scrupuleux patron. Une bande de drôles donne la chasse à la malheureuse bête qui s'enfuit d'un vol lourd en poussant des gloussements de détresse; cent mains furieuses se la disputent, déchirent ses membres pantelants dont il ne reste bientôt plus que des débris épars, jouets cruels de la canaille en délire.

Nous allons nous arracher à l'écœurant spectacle de cette sinistre exécution populaire quand une troupe de forcenés nous entoure en criant : Le voilà ! C'est lui ! C'est ce fripon de Français ! Arrêtez-le !

Fâcheux intermède. Il est clair que l'on me prend pour l'imprésario de feu le *Pavo bailador* et que des bourreaux sans mandat se proposent de venger sur mon innocente personne la mystification dont le public a été victime.

— A l'eau ! Pendons-le ! mugissent les cent voix de cette tourbe anonyme et lâche que les grandes cités vomissent aux heures où il y a du sang à répandre et à savourer ; des mains audacieuses s'avancent vers moi, et je ne dois la vie qu'à l'intrépidité de mes petites camarades qui, écartant du geste les assaillants, crient de toute la force de leur fausset : Faites place ! Ce n'est pas l'imprésario ! Ce *señor* est notre ami !

Une escouade d'*alguaziles* arrive enfin jusqu'à nous : mais la foule ne veut pas souffrir d'explications. C'est le châtiment sommaire du ci-devant tenancier de la loge foraine, ou plutôt de son déplorable Sosie, qu'il lui faut.

Les cris de mort redoublent, l'agression s'accentue : on va me faire subir le sort de l'infortuné *pavo*. C'est certain.

Me serrant de près, les policiers cherchent en vain à s'ouvrir un passage dans la muraille humaine qui nous enserre, quand la voix retentissante d'un de mes amis, énergique et robuste Comtois, arrive à mon oreille.

— Courage ! me crie le brave Jurassien. Nous allons donner une leçon de savate à cette racaille.

Je dois avouer que dans cette désastreuse

conjoncture les principes de la boxe française m'ont été d'un secours plus efficace que la connaissance du binôme de Newton.

Avec l'irrésistible puissance d'un coin, mon ami, suivi d'un courageux Italien qui s'est spontanément offert à lui prêter main-forte, pénètre jusqu'à moi. Dos à dos, face tournée à l'ennemi, nous décochons avec ensemble et vigueur coups de poings de masse, de revers, coups de pieds brisés et bas les plus savants. Les *jaques* sévillanais ont dû conserver pendant quelques jours des témoignages sensibles de la perfection de l'escrime française.

Malgré notre énergique défense, je ne sais comment cette épouvantable batterie aurait pris fin, sans le secours d'une patrouille qui nous conduit, hommes et femmes, jusqu'au poste voisin de la Manufacture des Tabacs.

Contusionnés, sanglants, les vêtements en pièces, nous comparaissons devant une espèce d'officier de paix et, après interrogatoire, on nous enferme sans confusion de sexes, hélas! dans la geôle attenant au corps de garde. Un sentiment de douce quiétude me pénètre l'âme au bruit de la lourde porte de chêne se refermant sur nous. Provisoirement à l'abri de la fureur des badauds sanguinaires dont les vociférations viennent mourir à notre oreille, il ne nous reste qu'à attendre le dénouement banal de cette émouvante aventure.

Les curieux s'étant dispersés, l'officier de police vient m'apprendre que Soledad et ses amies ont été ramenées chez leurs parents.

— Enrique, ajoute le magistrat en appelant un brigadier de *serenos*, prenez trois hommes avec vous et conduisez ces messieurs en lieu sûr.

— Le chef *alguazil* est vraiment aimable, murmure l'Italien.

— Trop, réplique Comtois, mis en défiance par la majesté de l'escorte.

Encadrés par les *serenos*, nous nous engageons dans le dédale des rues zigzagantes et mornes de Séville endormi. Je songe maintenant à ma pauvre Soledad. Quel accueil a dû lui réserver sa brave femme de tante en la voyant rentrer à deux heures du matin, décoiffée et meurtrie! Si encore j'étais là-bas, au faubourg de Triana, sur l'autre rive du

Guadalquivir, je pourrais prendre la défense de la perle du *barrio*, plaider, en faveur de l'ange de vertu confié à ma garde, les circonstances atténuantes.

« C'est dans un déplorable état, je le confesse, madame ou *señora*, dirais-je à la respectable matrone, que je ramène mademoiselle votre nièce. Ses vêtements ont souffert, c'est positif ; son charmant visage porte la trace visible de quelques horions, on ne saurait le nier, mais je puis vous affirmer, sur l'honneur, que sa vertu est demeurée telle quelle. »

Prisonnier ou en passe de le devenir, que puis-je faire pour Soledad ? J'avais pourtant promis de surveiller cette aimable beauté, de la rendre heureuse. Bon ! voilà que la fièvre et les émotions de la soirée me ramènent au Palais Royal, à la *Mariée du mardi-gras* et à ce naïf Groseillon qui se tourmentait si fort à l'avance de ce que lui dirait au retour sa tante.

« Mon oncle ne me dira rien, c'est certain ; mais c'est ma tante qui ne sera pas contente. »

L'oncle de Soledad ne lui aura rien dit, c'est

certain, et pour cause, mais c'est sa tante qui n'a pas dû être contente.

A l'extrémité du boulevard extérieur, nos guides s'arrêtent devant une noire et haute bâtisse d'aspect inquiétant.

— Halte ! bougonne le brigadier en cognant à la porte du bois de sa lance.

Un quidam à moitié endormi nous introduit sans autre formalité d'écrou dans un dortoir d'assez propre apparence situé au premier étage du mystérieux immeuble.

Buenas noches, caballeros ! grogne le geôlier en nous indiquant nos lits, et le voilà parti sans se donner la peine de fermer la porte.

Où diable sommes-nous logés ?

A la lueur fugace d'allumettes-bougies, je passe une rapide inspection de notre nouvelle demeure déjà occupée par quelques paroissiens qui, à juger de la sérénité de leur repos, paraissent dormir du sommeil des justes. Les fenêtres mal défendues par un frêle treillage de fil de fer s'ouvrent sur de vastes jardins ; nulle trace de chemin de ronde ; pas l'ombre de sentinelle. On peut s'évader. Sur cette rassurante constatation nous nous souhaitons un mutuel bonsoir.

Au saut du lit d'où me tirent des claquements de porte et de furieux appels de voix, je descends dans la cour de cette prison modèle.

Près d'un brasier allumé au centre du *patio*, de loquaces commères, de tout âge et de tout poil, lavent des guenilles crasseuses ou débarbouillent des marmots criards ; des hommes au teint bronzé par le hâle et la poussière des routes jouent silencieusement aux cartes ou à la marelle des enjeux imaginaires ; un aveugle pince de la guitare en nasillant de sa voix caverneuse et chevrotante une interminable chanson du temps des *Conquistadores ;* assis en tailleurs, de jeunes dandies de la *luna* ravaudent industrieusement des nippes arachnéennes, tandis que, vautrée sur le sol, dépoitraillée et cynique, une gouge bien en chair livre sa luxuriante crinière noire au peigne édenté d'un gamin à profil de vautour.

Une façon d'officieux, semi-détenu, semi-mouchard, fort au courant des attres de ce pandémonium, nous offre ses services. Je l'envoie chercher l'inévitable *media libra d'aguardiente* et des petits pains d'Alcala que l'obséquieux hidalgo veut bien partager fraternellement avec mes compagnons.

Tout en grignotant, l'Andalou nous fait l'historique de la trop hospitalière maison où dame police nous a colloqués d'une manière inattendue.

« Vous êtes, messieurs, commence-t-il d'un ton bonhomme, aux *Capuchinos*, autrefois couvent de Franciscains, puis hôpital et à l'heure actuelle dépôt provisoire de mendiants, de filles publiques et d'étrangers suspects à l'autorité. Après la clôture de la foire, vous avez des chances d'être relaxés sur la demande de votre consul ou de quelque négociant ami établi à Séville, à moins que vous ne soyez retenus pour un délit particulier. »

Nos affaires se gâtent : *sospecho* — suspect — est un titre qui équivaut presque sous le ciel bleu de l'Espagne à une condamnation aux travaux forcés à perpétuité.

Homme de l'initiative hardie, Comtois propose de s'évader incontinent ; l'Italien qui semble avoir quelque grief contre les gens de justice, sourit finement et murmure de sa voix caressante : *Chi va piano, va sano.* Dans le courant de la journée, le subtil compatriote de Cavour fait une application victorieuse de sa théorie du *chi va piano,* en glissant comme une anguille entre les mains du portier-consigne stupéfait.

« Aux *Capuchinos,* a conclu l'officieux, la vie n'a rien de déplaisant en soi. A prix d'argent vous y trouverez tous vos aises ; la maison est en bon air, les dames peu farouches ; on y fait de la musique, on danse, on... C'est délicieux. Mes fonctions m'appelant fréquemment au dehors, je serais heureux de vous rendre tels services qu'il vous plaira d'exiger de votre humilissime serviteur.

— Apporte-nous d'abord à déjeuner, dis-je à ce maître Jacques ; tu me procureras ensuite du papier, des plumes et de l'encre.

Le séjour des *Capuchinos* ne me tente pas et j'ai hâte de prier mes amis de venir nous tirer de cette galère.

Trois jours je ronge mon frein sans voir poindre un libérateur ; Comtois ne décolère pas. Nous oublierait-on ? Malgré ses protestations indignées je demeure convaincu que l'honnête *picaro* que nous avons élevé à la dignité de valet de chambre confisque à son profit l'argent destiné à l'affranchissement de ma correspondance. C'est un moyen ingénieux de nous retenir sous les verrous jusqu'à siccité complète de notre bourse.

Tristement accroupi dans un recoin ombreux du préau, je rumine de vagues projets d'évasion quand l'arrivée d'une jeune femme met brutalement fin à ma douloureuse rêverie.

Viva Pepita! viva la Malagueñita! clament filous et va-nu-pieds empressés autour de la nouvelle pensionnaire du dépôt des suspects.

— Où diable ai-je entrevu cette adorable donzelle? où?... Je n'en sais rien. Les femmes de Séville sont en général belles, mais d'un type uniforme qui prête à la confusion.

Ecartant d'un geste souverain la truandaille qui l'entoure, Pepita m'aborde :

— Voudriez-vous me faire l'hommage d'une cigarette, monsieur le Français?

— Mille, *señorita mia*, toutes les cigarettes de la manufacture royale, si votre cœur le désire.

Assis à la turque sur la natte qui me sert à la fois de tapis et de table, nous causons.

Un *vito* très salé — *muy salado* — a valu à Pepita, étoile du ballet du concert *del Gigante*, — géant — l'interdiction de la scène, ce qui en a amené une autre au cours de laquelle le représentant de l'autorité a reçu publiquement une maîtresse gifle de la blanche main de la pétulante danseuse. *Inde carcer!*

Quelques jours de villégiature aux *Capuchinos*, ajoute la jeune artiste, remplaceront les vacances que me refusait le directeur *del Gigante*. Et puis, qui sait? Demain, ce soir, dans une heure peut-être, l'un de mes adorateurs instruit de ma disgrâce accourra me délivrer. Si ce n'est don Jorge, capitaine au régiment de Estramadura, ce sera le chanoine Rosquillo, et à défaut de ceux-ci n'ai-je pas à ma dévotion le *medico* Fulano, le banquier Zutano, le *picador* Menganito, qui se feront devoir et honneur de me tirer le verrou. *Viva la gracia!* señor mio. Ne vous logez pas marteau en tête. Aussitôt sorti de sa cage, Pepita, votre servante, saura plaider la cause de son ami le Français. Je vous connais depuis longtemps et m'intéresse à vos malheurs. N'étiez-vous pas au balcon du café *del Siglo*, le soir de la procession du jeudi-saint ? Je vous ai aperçu du cortège dont je faisais partie.

— Il fallait venir me demander un verre de *manzanilla*.

— Voyez-vous une vertu théologale — je figurais l'Espérance — faisant irruption, ancre au poing, dans un salon du Café *del Siglo* ?

Midi. C'est l'heure de la sieste. Par petits groupes, hommes, femmes et enfants se couchent pêle-mêle sur le sol, la tête à l'abri de méchants foulards ou de *sombreros* crasseux. Seuls, un fou à demi-nu et un vieillard propret, d'allures et de tenue bourgeoises, arpentent fiévreusement la cour. Le fou s'acharne à lire un sordide numéro de journal à son rêche camarade, démagogue grisé d'extravagants projets de rénovation sociale, qui prêche au dément, en termes doctrinaux et obscurs, une incompréhensible théorie communiste.

— Silence ! crie à ces malheureux la ballerine d'une voix impérieuse et dure, laissez dormir en paix vos camarades.

Dociles, les fous s'éloignent et vont dans un coin désert du préau échanger les insanités qui obsèdent leur cerveau détraqué. Je pousse ma natte à l'ombre du hangar réservé aux détenus de marque — *distinguidos* — et offre la moitié de ce canapé de bohème à l'étoile *del Gigante*. Nous dormons mal.

Six heures ! La cloche sonne la distribution de la soupe que les *tunantes* accueillent du geste de dégoût d'habitués de chez Bignon, réduits par aventure à ce maigre ordinaire.

Mon valet de chambre nous sert le dîner apporté d'une *fonda* voisine ; nous portons des toasts successifs à feu le *pavo bailador*, à l'alliance des peuples latins, à notre prochaine délivrance et à l'incomparable Pepita. Dans la soirée, il n'y a pas de règlement fixe aux *Capuchinos*, la divine *malagueñita* daigne offrir aux suspects, enchantés de l'aubaine, le régal d'une représentation. Guitares, tambours de basque et castagnettes sortent de dessous terre. Pepita donne le branle et, bientôt, dans l'ombre tiède qui noie le préau, tout ce peuple de truands saute et pirouette avec un entrain qui n'exclut pas la plus parfaite dignité. Au décor et à la tenue des invités près, c'est à se croire à un bal de la cour de Sa Majesté Catholique.

— Que chacun regagne son quartier respectif ! bougonne l'escogriffe qui chaque soir vient opérer le triage des pensionnaires confiés à sa garde.

Je rêve juges, chanoines, capitaines du régiment de Estramadura, pouilleux et déments. Mon affreux cauchemar ne finit qu'avec la nuit. C'est aujourd'hui dimanche. L'air embaumé de la fraîche senteur des jardins d'alentour m'apporte le joyeux carillon de la paroisse des *Capuchinos* appelant les fidèles aux offices ; de la fenêtre de mon triste dortoir, je regarde d'un œil humide l'horizon de toits et de campaniles découpant leur silhouette rose dans le bleu pâle du matin ; mon cœur bondit d'indignation au souvenir d'amis ingrats ou peut-être mal informés, qui m'abandonnent, moderne Masque de fer, aux promiscuités du dépôt des suspects, quand la voix vibrante de mon brave Comtois me hèle de la cour.

— En trois sauts je dégringole l'escalier et tombe dans les bras de Pepita qui, tout émue de joie, m'annonce la levée de notre écrou. Un ami, lequel? le chanoine? le capitaine? est venu la délivrer dans la nuit, et, fidèle à sa promesse, l'excellente créature a plaidé si éloquemment la cause de *los señores franceses* auprès de ses protecteurs qu'elle a obtenu sans autre forme de procès notre élargissement immédiat.

Enfin ! la porte des *Capuchinos* s'ouvre toute grande devant nous. Ami discret, Comtois prétexte d'affaires urgentes et me laisse avec Pepita. Il est entendu que nous nous retrouverons à l'issue de vêpres dans un cabaret voisin de la cathédrale.

L'avouerai-je à ma honte? tout à la joie de la liberté et à mes devoirs de reconnaissance envers la séduisante Pepita, j'ai oublié rendez-vous, vêpres, cathédrale, Comtois, cabaret et, Dieu me pardonne, la triste Soledad qui, de l'autre côté du Guadalquivir, doit attendre dans des transes mortelles le retour de son oublieux ami.

Pour épargner de déchirants adieux à Soledad et à sa vertueuse parente, je suis parti de Séville avec une discrétion tout anglaise. La sensibilité de mon cœur se serait mal accommodée des émotions inévitables d'une scène de famille, dont je prévoyais d'ailleurs le dénouement.

Mon ami Comtois, que ses affaires appellent à Cadix, m'accompagne. Nous avons résolu d'aller à pied jusqu'à San-Lucar-de-Barrameda en suivant la rive gauche du Guadalquivir. Cette débauche géographique va nous coûter bon.

A deux lieues de Séville la route se perd dans des grèves désertes semées de palmiers nains et de rares buissons d'aloès. Chaleur torride, défaut d'ombrages, manque absolu d'eau potable, tel est le programme de cette journée enchanteresse. Ironique, rageant contre lui-même, Comtois déchargea sa bile en déclamant d'une voix emphatique la description classique de l'Arabie Pétrée, de Buffon : « Figurez-vous des plages sablonneuses..... »

Nous faisons halte au village de Montemolin sous le toit d'un pauvre artisan, qui joint à sa peu lucrative industrie celle d'héberger les piétons qu'un vent de tempête jette, par intervalles, sur ces rives désolées. Notre hôte, qui paraît au courant du mouvement du parti ouvrier, reçoit régulièrement l'*Echo du prolétariat* et la *Revista social*. En Andalousie les doctrines socialistes ont gagné les classes rurales; les paysans de ces régions misérables rognent sur leur maigre salaire pour s'abonner aux journaux d'avant-garde et correspondre avec les groupes d'Espagne et de l'étranger. Tous croient à l'avenir prochain d'une ère d'égalité qui ne laissera pas de vestiges de l'ordre politique et économique actuel. Ces âpres terriens poursuivent la conquête de leur chimère avec une énergie contenue et farouche que des défaites passagères ne font qu'exaspérer davantage. Les multiples attentats des affiliés de la *Mano-negra* qui terrorisèrent il y a une dizaine d'années les provinces du midi de l'Espagne, et plus récemment la téméraire équipée des anarchistes de Jerez, sont de graves symptômes d'une révolution agraire qui n'a pas dit son dernier mot.

Malgré les indications précises de notre hôte, nous avons quitté la bonne route pour donner tête baissée dans les *marismas*. Ces immenses terres basses, envahies régulièrement par les eaux du Guadalquivir, offrent une interminable succession de lagunes et de maigres pâturages propres à l'élevage des taureaux de course qui errent librement dans le steppe sous la surveillance de bergers aussi sauvages que leur bétail. Nous marchons au petit bonheur.

Près de l'écluse d'un canal de desséchement nous faisons la singulière rencontre d'un compatriote. Cet imbécile, bachelier ès-lettres d'ailleurs, nous dit être marin et Normand. Embarqué sur un trois-mâts à destination de l'Inde, il a été débarqué à Lisbonne par son capitaine, et se dirige sur Cadix en quête d'engagement. Depuis trois jours, le malheureux patauge dans les boues des *marismas* sans pouvoir s'en dépêtrer. Le cas du Normand est à éviter. Aussi décidons-nous de renoncer à l'exploration des marécages du Guadalquivir, grosse de dangers et de retards.

Nous mettons barre sur la terre ferme dont les premières ondulations s'accusent au loin dans la direction de l'est; mais nous comptions sans la marée qui, deux fois par jour, refoule les eaux du fleuve sur les terres riveraines. Le flot gagne sur nous de minute en minute, et bientôt les eaux montantes viennent battre le talus du chemin longeant le canal, seule voie de retraite possible. Nous pressons le pas, luttant de vitesse avec la marée. Soudain, une large et profonde coupure nous barre le chemin. Comment franchir ce malencontreux détroit ?

— Sais-tu nager ? demande Comtois au matelot.

La question me paraît superflue. Notre camarade de route n'échappe pas à la loi qui en cette matière régit les gens de mer : l'animal ignore les principes même élémentaires de l'art de la natation. Nous ne pouvons cependant pas abandonner cet infirme à une noyade certaine.

Maintenant les eaux nous arrivent à mi-jambe ; dans un quart d'heure la place ne sera plus tenable. Il faut fuir en toute hâte et gagner un tertre qui se dresse à cent pas de nous sur le bord opposé du canal adventice formé par la déchirure du chemin latéral. Nos vêtements fixés sur nos épaules, nous empoignons chacun par un bras le marin blême de peur, et vogue la galère ! Quelques brassées énergiques nous amènent sur la terre ferme.

La mer est étale. L'immense nappe miroitante des *marismas* inondées se confond avec le ciel ; au bout de l'horizon, une cabane de berger profile la grêle silhouette de son toit conique sur le ciel insolemment bleu. Tout danger est provisoirement écarté ; il n'y a plus qu'à attendre avec résignation qu'il plaise à l'élément humide de rebrousser chemin vers l'Océan.

Accroupi dans l'attitude de la statue du Désespoir, le marin se lamente.

— Quelle vie ! bégaye-t-il d'une voix de moribond. Là-bas, au diable, dans mon pays du Cotentin, mes parents sont à table ; ils mangent de bonne soupe aux poireaux, du lapin, des tartines beurrées ; ils boivent du cidre, du café arrosé de vieille eau-de-vie de Calvados. Ah ! maman ! maman ! si j'avais su !

— Mais voilà le hic ! riposte durement Comtois, monsieur ne savait pas ! Auras-tu bientôt fini de pleurnicher, marin d'eau douce? Nous sommes dans la nasse, il faut en sortir; et nous en sortirons, je t'en donne mon billet. As-tu lu les *Lettres de mon moulin* ?

— De quel moulin ?

— Tu dis ?

— Je n'ai rien dit.

— Sacré philistin de malheur! rugit mon impétueux camarade, nous aurions dû te laisser en pâture aux goujons voraces du Guadalquivir. Comment, tu oses avouer que tu ignores l'existence de l'œuvre ensoleillée du meunier poète de Pampérigouste, Alphonse Daudet? Tu n'as seulement pas lu l'histoire de la chèvre de M. Seguin? Dans quelle ténébreuse officine as-tu fait tes études, veau mort-né? Quels sont les quadruples ânes qui, sur un bout de leur peau timbrée du sceau de l'Université de France, n'ont pas rougi de te délivrer le diplôme que tu promènes dans ta poche? J'ai pitié de ton ignorance autant que de ton manque de cœur; je vais te conter l'aventure de la chèvre de M. Seguin. Que ce chef-d'œuvre d'humour et de langue serve de leçon à ta couardise.

Comtois débite avec esprit et une rare justesse d'intonation la délicieuse fantaisie de Daudet, qu'il accentue de sa vive mimique.

— As-tu compris l'apologue? Dis-moi, Normand? Non! n'est-ce pas? Mais la *crabo de moussu Seguin*, c'est toi, c'est moi, notre compagnon, toute la troupe écervelée des chercheurs de clair de lune en plein midi et des apôtres du plein air. Le loup, ce n'est pas toujours un loup, c'est l'eau quelquefois, barre le passage aux aventureux voyageurs. Alors, sans perdre son temps à des réflexions inutiles et à de lâches récriminations, l'on donne bravement tête baissée dans le péril, l'on crève ou l'on passe. M'as-tu compris, *mathurin?*

— Tonnerre, que j'ai faim! gémit le Normand.

— Nous aussi, morbleu! Crois-tu que nous soyons ici chez la veuve Scarron et que les contes y tiennent lieu de rôti? Tu n'as rien perdu pour attendre, mon gars! Patiente une minute; tu vas être servi à souhait.

Arrondissant les mains en forme de porte-voix, l'ironique Jurassien jette aux échos des *marismas* le détail d'un menu délicat et fantastique : Trois douzaines Marennes, omelette aux truffes, truite saumonée, perdreaux rôtis, asperges, tarte aux fraises, Barsac 1875, Château-Larose 1880, Moka, Fine Champagne.

— Sincères compliments pour la composition de ton menu, dis-je à mon ami, mais un deuil récent m'empêche d'accepter ton aimable invitation. Ce sera pour une autre fois. D'ailleurs le flot commence à descendre et il faut qu'avant la nuit nous ayons atteint un port de refuge.

— *You are right, sir.* En route !

Cette demi-journée de marche, ou plutôt de navigation dans les *marismas*, a dû nous compter pour dix années de Purgatoire dans la balance de l'Éternel.

Un soleil torride transforme chaque lagune en autant de chaudières d'où s'exhalent des vapeurs brûlantes et méphitiques ; nous ne sortons d'un marécage que pour entrer dans l'autre ; les postes de bergers ou *cortijos* reculent à mesure que nous avançons ; c'est une lutte contre l'insaisissable, l'absurde, l'impossible. Les jambes du marin fléchissent et il faut le porter dans les passages profonds ; à chaque instant nous craignons de le voir s'éteindre de fatigue et d'inanition dans nos bras engourdis.

Au coucher du soleil, nous donnons dans une bande de taureaux sauvages. Effarouchées par notre présence, les redoutables bêtes poussent de rauques meuglements qui glacent d'épouvante le timide naturel du Cotentin, s'arrêtent un instant en des poses altières, puis reprennent leur course vagabonde à travers le steppe.

La nuit tombe ; exténués, l'estomac défaillant, nous nous préparons à dormir sur place jusqu'au jour, quand une tache rougeâtre s'allume dans l'épais brouillard qui s'élève des *marismas*. L'espoir nous donne des jambes, et bientôt, nous arrivons en vue d'un *cortijo*. A notre approche un homme se présente sur le seuil de la cabane, mais à peine nous a-t-il dévisagés, qu'il disparaît dans l'ombre en poussant des cris d'épouvante.

La réception tourne à l'aigre. Il est clair que le berger nous a pris pour des malfaiteurs et qu'il court donner l'alarme aux postes voisins.

Au bout de deux mortelles heures d'attente une troupe d'hommes à cheval, fusils en bandoulière, fond sur nous.

— Qui vive? crie à dix pas le *mayoral* — chef des cavaliers.

— Français !

— Approchez.

Le *mayoral* descend de sa bête et, après avoir jeté sa cravache à terre en signe de paix, nous invite à le suivre dans la cabane.

De grossiers ustensiles de cuisine, des bancs de bois et une couchette de joncs marins forment tout le mobilier de cet abri primitif où fume un lugubre feu de bouse sèche. Pendant que nous dévorons un morceau de pain noir, le *mayoral* examine nos passeports d'un œil soupçonneux. Notre identité reconnue, le maître berger nous donne la raison de la réception armée qui nous est faite.

— L'association de la *Mano-negra*, dit-il, n'a pas été détruite par les terribles condamnations qui ont frappé un grand nombre de ses membres. Il y a quelques mois, trois hommes masqués ont investi le *cortijo* où nous sommes, et à cette poutre que vous voyez là, ils ont pendu un enfant de dix ans après lui avoir fait subir une mutilation atroce. Vous vous expliquez maintenant l'effroi du gardien de ce poste. Nous allons nous retirer, ajoute-t-il ; demain matin, Pepico vous indiquera la route de Lebrija.

Les cavaliers s'éloignent, nous laissant avec Pepico qui, fusil à portée de sa main, veille près du feu jusqu'au jour.

En dépit de l'itinéraire tracé par le berger nous barbotons encore pendant des lieues dans d'abominables fondrières qui ne finissent qu'aux abords de Lebrija, où nous arrivons Dieu sait dans quel équipage.

Cette intéressante petite ville entourée de jardins d'une fertilité extraordinaire renferme une cathédrale remarquable par l'heureux mélange des styles roman, gothique et mauresque. Un repas moins délicat que celui rêvé par Comtois dans les *marismas*, mais substantiel, nous venge de deux jours d'abstinence obligatoire.

Anéanti, incapable de toute initiative, le peu valeureux petit-fils des conquérants de l'Angleterre n'a fait qu'un saut de la table au lit sur lequel nous le laissons reposer en paix. Notre promenade archéologique terminée, nous courons à la station du chemin de fer.

— Deux places pour Cadix !
— Voilà, *señores*.

C'est moins héroïque que la traversée des *marismas* du Guadalquivir, mais plus rapide et plus sûr.

VII

Vent de MEDINA. — *Le cousin de M. Carnot.* — *« Brigadier, vous avez raison ! »* — *Comptabilité socialiste.* — *La question agraire.* — *Un anarchiste.* — *Chez Figaro.* — ULTIMO TORO. — *La revanche de Trafalgar.* — *Mœurs fiscales.*

Les derniers pins de la verte oasis de Chiclana ont disparu. Coupant en ligne droite des landes marécageuses, la route déroule son interminable ruban poudreux. Pas un souffle n'agite l'air incendié par la réverbération du soleil de midi sur les flaques miroitantes du steppe. Aussi loin que porte le regard, la plaine déserte et nue s'étend jusqu'aux premiers reliefs de la *sierra* de Ronda. C'est le néant tangible, le rien solidifié, un coin inédit du pays des morts !

Soudain, sans signes précurseurs, une brusque bouffée d'air chaud annonce le vent de *Medina*, vapeur torréfiante de haut fourneau qui, durant des semaines, sans intermittences ni accalmies, balaye de son haleine desséchante la zone maritime du bas Guadalquivir. Sous l'influence de ce météore, véritable supplice pour les gens nerveux, les rixes, les actes de violence et les meurtres augmentent dans une notable proportion.

Les bornes kilométriques se succèdent, mais, nouvelle sœur Anne, j'ai beau écarquiller les yeux, je ne vois que l'implacable « soleil qui rougeoie et la route qui poudroie. » Suffoqué, tirant le pied, j'atteins les bords d'un minuscule fleuve côtier et, las d'aller, je m'écroule à l'ombre de pins souffreteux, aussi surpris que moi de se rencontrer sur ce rivage inhospitalier.

De chétives cultures semblent cependant indiquer les approches d'un village. A tout hasard j'abandonne la grande route et me lance à la découverte, en descendant le lit de la rivière. Perdu sur le bord de l'Océan, sur la plage sablonneuse du golfe qui fut autrefois le néfaste théâtre de la bataille de Trafalgar, le *pueblo* de Conil poursuit silencieusement sa sieste. A l'extrémité du village, une taverne est demeurée ouverte en dépit de la chaleur et du vent de *Medina*.

Je dois parlementer pour obtenir une carafe d'eau saumâtre et quelques gouttes de mauvaise *aguardiente*. L'hôte est bourru, malpropre et interrogant comme un juge d'instruction. Peu satisfait de mes réponses, le *tabernero* se monte ; je réplique ; il élève la voix ; nous allons en découdre, quand sa désagréable moitié apparaît, *navaja* au poing, et m'intime l'ordre de déguerpir.

Ne tenant pas à augmenter la kyrielle des victimes du vent de *Medina*, je me saisis de la porte, en vouant aux divinités infernales le *tabernero*, sa mégère de femme, Conil et les Conilois. Après un bain délicieux sur la plage déserte où dorment quelques barques de pêche, taillées peut-être dans les glorieuses épaves de nos frégates désemparées, je reprends, la rage au cœur, ma course vagabonde.

Le soleil va disparaître quand j'arrive en vue de Vejer de la Frontera. D'un pas grave et cadencé deux gendarmes descendent la rampe qui s'élève vers cette curieuse ville juchée à la crête d'une haute colline aux flancs déchiquetés par de profonds ravins. Je ne tarde pas à opérer ma jonction avec ces inflexibles représentants de la loi.

— Bonjour, ou plutôt bonsoir, messieurs les gendarmes.

— Bonsoir, réplique sèchement le *cabo*. Où allez-vous ?

— Vous le voyez, à Vejer.

— Vos papiers ?

— Mes... papiers ?

— Oui, votre passeport.

J'exhibe la pièce demandée. Le brigadier la flaire, la tourne, la retourne, jette un regard ahuri sur les timbres dont elle est historiée, et me la remet en main, sans en avoir parcouru la teneur. Les pieds en équerre, roide dans son uniforme neuf, le second gendarme, jeune soldat imberbe fraîchement incorporé dans la garde civile, se tient à distance respectueuse de son supérieur, le bras allongé, les ongles sur la couture du pantalon.

— Comment vous appelez-vous ? demande le *cabo*.

— Carnot !

— *Santa Maria !* Vous dites ? Carnot ? Mais c'est le nom de Son Excellence le Président de la République française.

— Je le sais d'autant mieux que je suis le propre cousin de cet éminent magistrat.

— Ne vous moquez pas de moi, *carajo !*

— Regardez-moi un peu, s'il vous plait, brigadier. Ai-je la tête d'un homme capable de manquer de respect au noble corps de la gendarmerie espagnole? Vous êtes un loyal militaire et je ne voudrais pour rien au monde abuser de votre bonne foi. Poussons jusqu'à l'*estanco* que j'aperçois à quelques pas de nous ; en deux paroles je vous confierai mon histoire que je vous prie de ne répéter à personne.

— Allons !

Les gendarmes font par le flanc et nous nous dirigeons vers la buvette où, entre deux verres d'anis, j'improvise à mes victimes un récit échevelé de la conspiration tramée par moi contre mon éminent cousin.

Le *pronunciamiento* d'un régiment dont j'avais l'honneur d'être colonel ayant manqué, j'ai dû, pour éviter la détention perpétuelle, me réfugier en Espagne où j'attends l'*indulto* — amnistie — qui ne saurait tarder.

— Quand vous m'avez abordé, hasarde timidement le brigadier, j'ai compris que je n'avais pas affaire à un homme du commun. D'ailleurs votre physionomie vous trahit.

Angel, ajoute-t-il en se tournant vers son subordonné blême d'admiration, regarde bien monsieur. N'est-ce pas la reproduction vivante du portrait de Son Excellence Sadi Carnot, Président de la République française, ornement du bureau de la brigade ?

— Brigadier, vous avez raison ! risque la bouche en cœur le naïf Angel, confus et charmé d'émettre son humble opinion à l'endroit d'un homme aussi considérable que le cousin de M. Carnot.

Au moment de quitter les bons gendarmes, le *cabo* me prend à part.

— Voulez-vous accepter un conseil de votre humble serviteur, *señor coronel* ?

— Dix, camarade.

— Voici : depuis que ces maudits anarchistes ont juré la ruine de tout ordre social, les routes d'Andalousie ne sont pas sûres. Gardez le plus strict incognito si vous tenez à votre vie. *Vaya con Dios, señor coronel, y buen viaje.*

Avec le soleil s'est levé le vent de *Medina* soufflant une atmosphère de mauvaise humeur sur les citadins de Vejer. Ce n'est qu'au prix d'objurgations et de menaces que je parviens à me faire servir un déjeuner déplorable dans la *posada* où j'ai passé la nuit.

Mon départ est égayé par une scène bouffonne. Deux chevaliers de la *tuna*, un Hongrois et un petit Russien épluchent les articles de la note que vient de leur présenter le *posadero*.

— Canailles, vauriens, va-nu-pieds, vocifère celui-ci, vous avez mangé mon pain, souillé la paille de ma remise, mené un bruit d'enfer et vous rechignez sur l'addition ! Faites mieux, *maraneros* — porchers — ne payez pas. Suivez le noble exemple de vos confrères les socialistes, ces bandits que l'on finira bien par pendre en bloc un jour ou l'autre. *Santa Maria de Guadalupé !* j'aurais dû me tenir en garde, quand vous avez mis les pieds dans ma maison, socialistes de... (ici, une bordée d'épithètes aussi vibrantes qu'intraduisibles.)

— Récapitulons un peu, *compadre*, réplique le Russe imperturbable : dîner, dix *réaux*, *ruido de casa* — bruit, dérangement — deux ;

déjeuner, six ; soit au total dix-huit *réaux* que je reconnais légitimement vous devoir.

— Payez donc, fainéants, *picaros* que vous êtes ! fait le *posadero* radouci.

— Nous y sommes, dit le Slave en tirant de sa poche trois piécettes qu'il jette sur la table avec un geste de souverain dédain.

— Voici bien de la comptabilité révolutionnaire ! hurle l'Espagnol. Depuis quand, je vous prie, dix-huit *réaux* ne font-ils que trois francs ?

— Depuis que les voyageurs soucieux de leur dignité retranchent de l'addition le montant des injures dont les abreuvent sans motif des *posaderos* mal appris. En n'évaluant qu'à un franc cinquante le dommage causé par vos outrages, croyez que je suis fort au-dessous du tarif ordinaire de mon honneur.

Sur ces fières paroles, les *tunantes* prennent la porte au profond ahurissement de l'hôte, cloué sur place par l'audacieuse sortie des malandrins.

Une étape fastidieuse m'amène au hameau de Fascinas, où ma présence donne lieu à une sorte d'émeute pacifique. Tout le *pueblo* défile dans l'unique *posada* du pays pour contempler *el señor extranjero*.

Au réveil, la Providence m'apparaît sous la forme d'un muletier. Cet honnête citoyen qui se dirige sur Tarifa m'offre gracieusement une de ses bêtes. J'enfourche un vigoureux *macho* — mulet — et nous voilà trottinant à travers le sempiternel steppe.

Bavard comme tous les Andalous, l'*arriero* me raconte qu'il est marchand de charbon et selon l'occurrence un peu contrebandier. Son chargement de combustible écoulé dans les villes de la côte, il reprend le chemin de la *sierra* après avoir fait provision de marchandises anglaises passées en fraude sur le territoire espagnol.

— Mon commerce ne va pas sans quelque incertitude ni des dangers réels, ajoute le contrebandier. Cependant, tout compte fait, je n'ai pas à me plaindre du sort ; mais ceux-là, murmure-t-il en indiquant du manche de son fouet le hameau de Fascinas dont les masures lépreuses s'effacent à l'horizon, *mala vida !* — maudite vie. Il faudra en finir un jour !

Caramba! Mon guide serait-il affilié aux sections de la *Mano-negra?* Me voici en plein terroir anarchiste; c'est le moment de mettre en pratique les sages conseils du brigadier.

— Monsieur est Français? reprend l'*arriero.*
— Si, *señor.*
— Républicain?
— Mieux que cela.
— Socialiste?
— Certainement.
— Communiste?
— Cela va sans dire.
— Anarchiste?
— Vous l'avez dit.
— *Bueno! bueno! bueno!*

Pâle d'émotion, le muletier arrête ses bêtes qui répondent aux noms caractéristiques de *Igualdad, Sangre, Polvora, Dynamita,* et tirant de sa ceinture un pistolet chargé le brandit triomphalement en poussant un enthousiaste *Viva la anarquia! Vencer o morir!*

— Vous avez raison, *compañero,* dis-je en lui mettant sous le nez un revolver de calibre imposant: Vivre égaux ou mourir! c'est aussi ma devise.

La glace est rompue ; je suis tuilé, reconnu pour un frère. L'anarchiste me passe sa peau de bouc ; nous buvons au succès de la révolution sociale, et nous voilà partis au trot dur et saccadé de nos montures.

Cent questions sur la politique socialiste en France et à l'étranger épuisées, *l'arriero* m'expose ses idées de réforme.

— Vous avez appris, commence-t-il, les détails de l'entreprise tentée dans ces derniers temps par nos camarades de Jerez. Cette échauffourée, maladroitement conduite d'ailleurs, n'a été que le prélude d'une action générale du parti communiste qui éclatera prochainement.

Notre programme est simple : ni Dieu, ni maître, et la terre au paysan. On a fini par modifier dans un sens démocratique les statuts de la *mesta*, cette barbare association des grands propriétaires fonciers dont les troupeaux sans cesse en migration rendaient toute culture impossible, mais que de milliers d'arpents de terre encore maintenus systématiquement en friche, par une aristocratie égoïste et réfractaire à tout progrès. A l'avenir, ce n'est pas seulement aux monstrueux abus de la propriété que nous nous attaquerons, mais à son principe même.

— Et un peu aussi aux propriétaires, *compañero mio?*

— Ceci dépendra des circonstances et de l'humeur du moment, a répliqué avec un sourire énigmatique l'intransigeant contrebandier.

Réforme agraire et coups de trique aidant, nos mules nous amènent d'un trot rapide aux portes de Tarifa.

— Descendez à la *posada* de *las Indias*, rue du Saint-Sacrement, me recommande *l'arriero* en allant à son commerce, le propriétaire est de nos amis. Ce soir je vous y rejoindrai et nous irons à la séance du *Niveau*, section terroriste dont je suis membre. Adieu et à bientôt.

J'ai vainement attendu mon Niveleur. Doutant peut-être, au dernier moment, de la solidité de mes principes révolutionnaires, cet estimable compagnon n'a pas jugé prudent de me revoir. Il a eu tort.

De la coquette cité d'Algeciras, une interminable plage zébrée de lagunes et de récifs m'a conduit à la Linea de Concepcion. Cette ville, bâtie à l'extrême limite sud de l'Espagne, à quelque cent p. s de Gibraltar, est en fête. Une foule bigarrée, mélange hétérogène de marchands d'eau fraîche et d'oranges, de soldats anglais, d'arabes et de juifs marocains, se dirige en toute hâte vers la *plaza de toros*. Dominant de leur aigre fausset le bourdonnement de cette Babel au petit pied, des gamins crient le programme de la *corrida. Mazzantini! El Marinero de Cadiz! Seis toros de muerte!*

Aux abords de la *plaza*, l'enseigne d'un coiffeur me fait honte de l'état inculte de ma barbe un peu négligée depuis Séville. Je pénètre dans l'officine et livre de confiance ma tête au figaro andalou.

Vingt minutes s'écoulent. Le barbier me présente en souriant un miroir à main.

Les cheveux coupés à la tondeuse ne présentent pas de gradins sensibles, mais ma pauvre barbe disposée en éventail me donne la physionomie suffisante et niaise d'un principal clerc d'huissier.

Je me renfonce dans le fauteuil après avoir adressé une sèche observation au frater interloqué.

Visiblement contrarié, le barbier arrive cahin-caha au terme de sa deuxième opération et me tendant avec grâce le miroir :

— Comment se trouve monsieur ? zézaye-t-il d'une voix qui s'efforce d'être aimable.

— Très mal, *corpo di Bacco !*

Cette fois le malencontreux artiste capillaire a si bien zigzagué dans ce qui me reste de barbe qu'il ne m'a laissé qu'une maigre touffe de poils au menton. Je ressemble à feu Pezon père, le dompteur.

Une idée me pousse. Je vais me faire raser la lèvre supérieure, à la Yankee. Ce sera une façon muette de protester contre la présence à la Linea des Anglais que j'exècre. La moustache disparue, j'ose me regarder dans la glace.

Santa Maria del Pilar ! Je suis hideux, tout simplement. Ma tête me rappelle celle d'un vieux batelier bordelais, terreur de mon enfance, le brave père La Mouche.

— Rasez tout ! dis-je au merlan qui commence à se demander avec inquiétude s'il n'a pas affaire à un aliéné.

Enfin ! mon supplice qui n'a pas duré moins d'une heure et demie est consommé. Cette fois, je suis bien, *muy* bien même. J'ai l'air d'un cabotin, ce qui est fâcheux sans doute, mais vaut infiniment mieux que de ressembler à un principal clerc d'huissier, à Pezon père, ou au batelier La Mouche.

Mes quatre coupes réglées au prix de trois réaux l'une, soit trois francs, je cours à la *plaza*, vaste enceinte d'architecture sans nom, située à l'extrémité nord de la ville. Muni d'un billet pris à un office de location, je me fraye passage au travers de la foule qui enserre l'édifice de son tumultueux grouillement. Il ne s'agit plus que de pénétrer dans le cirque.

Hélas ! les portes sont closes ; l'affluence est telle à l'intérieur que, par mesure d'ordre, le président de la course vient d'interdire toute nouvelle entrée jusqu'à l'exécution du dernier taureau — *ultimo toro* — et il reste encore deux pensionnaires du duc de Veraguas à occire. Je profite de cet entr'acte forcé pour flâner à l'aventure dans la ville.

Les rues sont larges et propres, les maisons sans caractère ; l'ensemble a un aspect uniforme, administratif, « gabelou ». Au contact malfaisant de Gibraltar, la ville espagnole, qui vit uniquement de la contrebande des marchandises anglaises, s'est civilisée, neutralisée et a perdu toute couleur locale.

Je retourne à la *plaza*. Des applaudissements frénétiques saluent les prouesses de la cuadrilla du *Marinero* aux prises avec l'avant-dernier taureau. Près de la porte extérieure du *toril*, des gamins pataugent pieds nus dans un ruisseau sanglant qui s'écoule par les barbacanes pratiquées au ras du mur de l'abattoir. L'un d'eux, à tête bronzée et hardie d'Africain, m'annonce triomphalement qu'il n'y a pas eu moins de douze chevaux éventrés.

L'heure de l'*ultimo* a sonné ; les portes s'ouvrent devant le flot populaire. Comment suis-je au niveau des deuxièmes galeries sans laisser un membre en route ? Je n'en sais rien.

La dernière course n'a pas encore commencé. Des valets d'écurie jettent du sable sur l'arène rouge du sang de la tuerie précédente ; les spectateurs circulent, entrent, sortent ; c'est un va-et-vient incessant : ce sont des poussées furieuses, des heurts invraisemblables. En France, une bousculade de cette sorte ne se passerait pas sans échange d'invectives et de coups de poings. Ici, quelques froissements sans conséquence, un éventail perdu ou mis en pièces, un durillon martyrisé et c'est tout.

Ma voisine de stalle, jolie brunette portant avec une adorable crânerie l'ancien costume de *maja* devenu aujourd'hui introuvable ailleurs que dans les eaux-fortes de Goya, me communique ses impressions. Certes le jeu du *Marinero* de Cadiz est plein d'audace et d'imprévu, mais celui de Mazzantini est plus sûr. Elle compte beaucoup sur le dernier taureau, dont Leandro, un *banderillero* ami, lui a vanté les qualités particulières de finesse et de férocité.

— Les pauvres, ajoute l'aimable enfant, ne seront pas trompés, comme cela arrive, hélas ! trop souvent.

— Quels pauvres, *señorita ?*

— Comment, *señor*, vous ignorez que le

dernier taureau est gratuitement offert aux indigents ?

— Je l'ignorais à tel point que j'ai payé dix réaux le droit d'assister à la mort de l'*ultimo*, et...

Un aigre coup de clairon parti de la loge de l'*ayuntamiento* me coupe la parole. La porte du *toril* s'ouvre brusquement devant l'*ultimo* qui, tête baissée, se précipite dans l'arène.

En quelques coups de corne, le brutal ruminant découd trois chevaux et démonte net un *picador* que l'on emporte en assez pitoyable état.

— Mauvais taureau, murmure la *maja*.

Je me demande ce que l'animal pourrait bien faire de plus s'il était bon. Bientôt le fâcheux pronostic de ma jeune voisine se réalise. Dès que les *chulos* entreprennent le jeu de la cape et des banderilles, le taureau, fatigué, à bout d'haleine, se dérobe, « n'en veut plus », comme on dit en argot tauromachique. Insensible aux attaques de ses adversaires, indifférent aux invectives de la galerie, il gratte le sable de l'arène d'un sabot furieux, fait mine de charger, puis s'arrête net. Décidément, c'est un bien mauvais sujet que l'*ultimo*. Encore une fois les pauvres seront volés. Ce n'est pas la dernière.

Le jour baisse; une note de clairon sonne la mort de la bête. Saluant avec grâce, sourire aux lèvres, Mazzantini prend position dans le cirque, aux applaudissements de l'assistance; mais, trompé par l'allure indécise du taureau, il manque à deux reprises son estocade. Des marques d'impatience se manifestent, des cris moqueurs s'élèvent : Tuera ! Tuera pas ! Exaspéré par les clameurs de la multitude et la poursuite acharnée des *chulos*, l'*ultimo* pique des deux, s'arrête, puis brusquement fonce sur Mazzantini. Une estocade du plus noble style abat l'animal qui, sans convulsions ni plainte, tombe sur les genoux, au milieu de la mare de sang coulant de ses naseaux.

Comme pris de folie, les spectateurs lancent dans l'arène chapeaux, ombrelles, éventails, bijoux, oranges ; gagné par la contagion, j'envoie mon feutre grossir le monticule d'objets disparates qui s'élève à vue d'œil au centre de la *plaza*, mais à peine ai-je sacrifié au triomphe de l'illustre *espada* que je regrette mon premier mouvement d'enthousiasme. Comment retrouver mon chapeau parmi cette *olla podrida* ? Je dégringole les gradins et m'empare à la faveur du désordre d'un *sombrero* de feutre pris au hasard et me retire discrètement.

C'est en vain que je fais le pied de grue aux abords de la *plaza* dans l'espoir de retrouver la jolie *maja*. La péronnelle a disparu. Tant pis !

Je donne le dernier coup de dent à mon dîner, quand un *alguazil* m'invite à le suivre jusqu'à l'Hôtel-de-Ville. Serait-ce pour la... comment dirai-je... la substitution du chapeau ? Je suis inquiet. D'atroces histoires de prison assiègent ma mémoire ; je songe en frémissant à Lesurques et à tant d'autres innocents guillotinés pour des crimes qu'ils n'avaient pas eu l'occasion de perpétrer. Qu'est-ce que la justice espagnole va donc faire de moi qui suis coupable et ne saurais nier un délit cyniquement arboré sur ma tête ?

Heureusement qu'il ne s'agit pas du chapitre

des chapeaux en général ni du mien en particulier, mais de celui des passeports, sur lequel la police de la Linea n'est pas tendre. Ma connaissance de la noble langue des *Conquistadores* appuyée de quelques réaux glissés à propos dans la main de l'*alguazil* m'évite des formalités ennuyeuses comme toutes les formalités. Mon passeport dûment visé je me mêle à la foule empressée autour des cabarets en plein vent et des boutiques foraines. Près des chevaux de bois j'ai la bonne fortune de retrouver ma gentille voisine de la *plaza*. Apprivoisée par deux tours de manège la capricieuse *maja* m'entraîne chez sa... marraine, très accueillante tenancière d'une façon de pension de famille, *casa de huespedes*. Nous avons été traités en filleuls par l'honnête aubergiste : ragoûts épicés, vins de choix, linge immaculé, sérénades ; rien n'a manqué à ce *gaudeamus* que j'ai fait durer trois bienheureuses journées.

Hélas ! l'amour a fait tort à l'archéologie. J'ai quitté la Linea sans avoir trouvé le loisir de demander à ma folle compagne l'origine, probablement romaine, à moins qu'elle ne soit phénicienne ou gothique, de *l'ultimo toro* jeté en pâture à l'issue de chaque course aux instincts sanguinaires de la plèbe de *tras los montes*.

Je n'aime pas Gibraltar. Ce coin de terre occupé au mépris de tout droit, à la faveur de l'un de ces guet-apens armés familiers à Mistress Albion, que la force hypocrite et le méthodisme glacial. Du ras de ses quais au point culminant de ses bastions, vous êtes poursuivi par une odeur *sui generis*, mélange écœurant de relents de caserne, d'émanations d'entrepôts et de parfums de sacristie. La casemate y fraternise avec le temple anglican ; de monstrueux docks y tutoient fraternellement le corps de garde, et le réduit blindé y fait risette au couvent des Sœurs de Saint-Vincent-de-Paul. « Il y a ici force canaille de tous les pays, a écrit Mérimée de la population nomade de ce boulevard du militarisme et de la fraude commerciale. On ne saurait faire dix pas dans une rue sans entendre parler autant de langues. »

La vie est impossible à Gibraltar, tellement la jalousie haineuse de John Bull a hérissé de formalités vexatoires le droit à la résidence et au séjour des voyageurs étrangers. Chaque matin, un coup de canon annonce l'ouverture des portes où, sur le vu de votre passeport, on vous délivre un permis de circulation valable pour la journée ; le soir, un second coup de canon donne le signal de la retraite. Tout individu surpris dans l'enceinte après la fermeture réglementaire est passible d'une amende : en cas de récidive, il y va de la prison.

Quand on a visité les casernes, le marché aux tabacs et le square ou *alameda* du quartier de l'Europe, on a vu Gibraltar. Avant de m'éloigner de cette odieuse forteresse, je jette un dernier regard sur le port, quand un policeman, roide dans son uniforme bleu clair, se plante devant moi.

— Il faut sortir, fait-il d'un ton rogue.
— Pourquoi donc, s'il vous plaît, digne *constable* ?
— Parce que c'est l'heure...
— L'heure de quoi ? Le canon n'a pas encore donné le signal de la sortie.

— Qu'importe !
— Et si je me refusais à quitter la place ?
— Essayez !
— C'est ce que je me dispose à entreprendre.

Sept heures sonnent à l'horloge d'une caserne voisine. Il me reste donc une heure à dépenser avant le coup de canon réglementaire. Tiens ! Si je faisais promener un peu le *goddam* ? C'est une manière plaisante de m'offrir une petite revanche de Trafalgar. D'un pas rapide j'enfile *Irish Town street* et, toujours suivi de l'irascible policeman, je gagne le square de l'Europe où j'échappe enfin à la poursuite de mon persécuteur.

Un *coffee-house* me tend les bras. J'y entre ; mais à peine suis-je assis devant un moss de porter que l'Anglais suant et cramoisi de colère me rejoint.

— Encore vous ? souffle-t-il d'un ton navré.
— Toujours moi, respectable gentleman. Voulez-vous accepter un bock, un sherrygobler, un verre de claret ?
— Vous allez me suivre incontinent. D'abord, que faites-vous à Gibraltar ?

— J'admire l'outillage de son port, la belle ordonnance de ses monuments, je...

— Monsieur est artiste ?

— A l'occasion. Je raffole du pittoresque anglo-saxon et...

— Vous allez me suivre, vous dis-je.

La colère m'emporte à la fin, et je lâche un mot que les Anglais sentent à merveille depuis Waterloo.

Sans s'émouvoir de l'injure, le policeman tire de la gaine de cuir pendue à son ceinturon une verge de justice dont il me donne un léger coup sur l'épaule en le ponctuant du sacramentel : *At the name of the Queen !* — Au nom de la reine. —

Cette fois, il s'agit d'obtempérer à la réquisition de l'agent de *Her gracious Majesty*, si je veux m'épargner une désagréable conversation avec le juge de police. J'avale mon moss, et me voilà parti, serré de près par le policeman qui sifflote entre ses longues dents jaunes : « *Bloody frenchman ! Bloody frenchman !* » — Français sanguinaire. —

Cet absurde *bloody frenchman* chatouille désagréablement ma fibre patriotique — on devient extraordinairement chauvin à l'étranger. — J'allonge le pas en psalmodiant *mezza voce* une litanie ordurière que l'Anglais coupe de répons de même farine. Voici un échantillon édulcoré de ce duo bouffe qui a duré de l'extrémité du faubourg de *South-Town* jusqu'au dernier corps de garde de la place.

L'Anglais. — Chien damné de Français.

Moi. — Veau épileptique de Durham, lézard de rochers.

L'Anglais. — Mangeur de grenouilles.

Moi. — Sac à gin, *blackguard, loafer* — voyou. —

L'Anglais. — Quel plaisir j'aurais à te démolir le nez à coups de poing !

Moi. — Quelle volupté de crever d'un coup de botte ta panse d'ivrogne !

L'Anglais. — Hérétique, fils de Belzébuth.

Moi. — Zut ! zut ! zut !

Enfin me voilà hors de l'enceinte fortifiée, sur le terrain neutre qui sépare la possession anglaise du territoire espagnol. Je suis chez moi, libre d'expectorer un tombereau d'invectives à la face apoplectique du policier furibond qui, de l'autre côté de la grille qui nous sépare, essaie sans succès de me donner la réplique.

L'âme égayée par cette équipée drolatique je rentre en Espagne. A la barrière de la Linea les *carabineros* fouillent les poches et les paquets des nombreux manouvriers qui, leur journée finie à Gibraltar, regagnent leur domicile. Le port anglais étant franc, les naturels de la rive espagnole passent en contrebande du tabac et autres objets de consommation achetés à bon compte. D'ordinaire, la douane ferme les yeux sur cet innocent transit et réserve toutes ses rigueurs aux chargements débarqués de nuit sur les points abordables de la côte. L'application des droits fiscaux ainsi que le règlement des prises est d'ailleurs à l'entière discrétion de l'administrateur de la *aduana* qui se taille des appointements scandaleux.

Il en est de même, à tous les degrés de la hiérarchie administrative, dans ce malheureux pays, depuis le *carabinero* famélique jusqu'au gouverneur de province. A l'abri d'un contrôle soigneusement entretenu par tous les régimes à l'état de principe vague, les fonctionnaires de tout ordre volent et pillent avec une verve imperturbable. Nous avons vu dans une ville importante de l'Andalousie le maire et les conseillers municipaux se partager sans vergogne, en notre présence, le plus net du produit des recettes du bureau de *consumos* — octroi.

En France, nous sommes moins cyniques. La dilapidation des deniers publics y est régularisée, vérifiée, contrôlée, déguisée sous mille formes ingénieuses et légales. C'est tout aussi canaille qu'ici, mais ça marque mieux.

VIII

La sierra de Tolox. — Un mot de don Carlos. — De l'utilité des mendiants. — La brèche de los Gaytanes. — El gallo de Moron. — Beaucoup de bruit pour rien. — Mon ami Juan Carrasco. — Pourquoi les Anglais n'hivernent plus à Malaga.

Le chemin de San Roque à Ronda se confond dans la plus grande longueur de son parcours avec le lit capricieux du Guadiaro dont les eaux, éparpillées en mille filets cristallins, roulent au fond d'une étroite vallée sur des grèves cailloutcuses bordées d'épais taillis de lauriers roses. Seule voie praticable du versant méridional de la *sierra* de Tolox, ce défilé a été longtemps le théâtre des sanglants exploits des *bandoleros* et des contrebandiers, ainsi que le démontrent, avec une évidence cruelle, de nombreuses croix de meurtre épanouies en funèbres bosquets. J'ai entendu murmurer autour de moi d'effrayantes histoires de vol à main armée, de guet-apens féroces et de pieds chauffés au delà du nécessaire, mais je dois dire que pendant mes excursions dans les districts les plus sauvages de cette terre classique du banditisme, je n'ai pas eu l'avantage de demander ma route à un seul de ces redoutables trabucaïres.

Une interminable série de bains de pieds dans les eaux froides du Guadiaro m'a conduit à une patte d'oie formée par le fleuve. A défaut de sentier visible sur les berges croulantes de la demi-douzaine de ruisselets qui se disputent l'honneur de me servir de guide, je prends à tout hasard la maîtresse voie de ce carrefour aquatique.

Je n'ai pas été heureux dans mon choix. La coupure qui livre passage à cette branche du fleuve ne forme bientôt plus qu'un étroit et obscur couloir menaçant de s'enfoncer dans les régions souterraines de la *sierra*. Délaissant cette malencontreuse faille, j'escalade les hauteurs voisines et finis par déboucher sur une terrasse au pied de laquelle s'aplatissent les toits d'un *pueblo* déjà noyé par les premières ombres du soir. Je ne suis sorti de Charybde que pour lier connaissance avec Scylla. Avec des précautions de peau-rouge, je dégringole d'arbustes en saillies au-dessus

13.

d'une étroite plate-forme faisant balcon au-dessus du faîte des plus hautes bâtisses, dont je suis séparé par un saut vertical hors de proportion avec mes ressources acrobatiques. Nouveau Siméon Stylite, je me vois condamné à passer la nuit sur ce vertigineux refuge, quand, à tâtons, je découvre les premiers degrés d'un escalier taillé dans le roc. Cette heureuse échappatoire aboutit au grenier de la *posada* du sieur Pacheco qui, croyant à la descente de sectionnaires de la *Mano-negra*, est accouru en armes à la rencontre de son original client.

Je m'explique : Pacheco crie au prodige, ameute ses gens et les voisins pour leur présenter l'extraordinaire voyageur qui lui tombe du ciel. Les habitants du village où je viens de débarquer avec des façons d'aérolithe ne peuvent s'expliquer comment un étranger a pu, de nuit, réussir une escalade que les plus intrépides grimpeurs du pays ne risquent qu'en plein jour.

Un violent accès de fièvre m'a cloué à mi-route de Ronda, sur un lit d'auberge. J'envoie chercher le *medico* du lieu. Certes, je puis me passer des soins du *sangrado* campagnard, mais son assistance m'est indispensable pour faire parvenir, le cas échéant, à mes proches la nouvelle d'une mort possible. D'avance, j'entends agir avec cet officier de santé comme Molière avec son médecin. « Il me verra, nous causerons ; il m'ordonnera des remèdes que je ne prendrai point, et je guérirai, s'il plaît à Dieu. »

Le *medico* Perez est un grand diable d'homme taillé en athlète, dont l'épaisse barbe d'un beau jaune d'or et la douceur du regard rappellent le forgeron Goujet de l'*Assommoir*. Il a vécu quelques années en France et parle assez correctement notre langue. Scientifiquement, il en est demeuré à la théorie des humeurs peccantes et à la pratique généreuse de la saignée.

Tout d'abord, il m'ausculte avec conscience, me fait tirer la langue, tousser, cracher, veut voir de mon urine, après quoi il me condamne à une diète sévère et se retire pour préparer une potion que l'hôtesse se charge de me faire ingurgiter. Il reviendra me rendre visite dans la soirée.

La drogue du *medico* ne m'a pas donné d'indigestion. Malgré les protestations de la brave femme qui s'est charitablement instituée ma garde-malade, je précipite le remède au lieu secret et me fais préparer un copieux vin chaud assaisonné de cannelle, de poivre et de citron. Quelques rasades de cette boisson héroïque provoquent une abondante transpiration qui entraîne après elle la pneumonie dont j'étais menacé.

A sa seconde visite, le docteur Gueule-d'Or constate, avec satisfaction, l'heureux effet de sa potion qui, me dit-il, ne manque jamais. La fièvre est en décroissance, le poumon libre ; quelques jours de repos, et je serai sur pied.

Le *medico* Perez a servi, en qualité de chirurgien, dans l'état-major de don Carlos. C'est un légitimiste intransigeant que son inébranlable fidélité à son prince n'empêche pas de juger avec sévérité les hommes et les événements de la dernière guerre civile.

— « Ce qui a imprimé un caractère particulier d'atrocité au soulèvement carliste, me dit l'ancien chirurgien de l'armée catholique, c'est l'esprit de rapine de la plupart de ses meneurs. A l'exception du curé Santa-Cruz et de rares *cabecillas*, hommes de haute main, mais convaincus et désintéressés, les chefs de colonne n'étaient que de vulgaires détrousseurs qui se sont souillés des crimes les plus abominables. Pour ces bandits, la sédition n'était qu'un prétexte à rançonner les voyageurs, piller les caisses publiques, violer, incendier et se défaire de leurs ennemis ou de leurs créanciers. Nombre de ces sacripants, plus gueux qu'un rat d'église avant la guerre, vivent aujourd'hui en rentiers.

« Je ne vous tairai point que notre roi qui, pendant une longue campagne, a donné cent preuves de bravoure et de talents militaires, était fort mal entouré. Dans son état-major, d'anciens pensionnaires des maisons centrales coudoyaient les héritiers des plus illustres familles de France et d'Espagne ; des aventuriers cosmopolites, princes sans principautés, barons sans baronnies, plus avides d'honneurs et de quadruples que de horions, exerçaient sur la direction générale de l'armée une influence prépondérante et détestable. Le prétendant avait à lutter d'ailleurs contre un dangereux adversaire : lui-même. Depuis de longues années en effet, le duc de Madrid mène l'existence vagabonde et vide des rois en exil, roulant comme un astre désorbité d'hôtels en châteaux, de plages d'été en stations hivernales. La roulette, les réceptions mondaines, les chasses à courre, les *five-o'clock* et les coulisses des théâtres parisiens sont une funeste école pour un prétendant. L'abus des jouissances conventionnelles, le contact démoralisant de gentilshommes frivoles, de millionnaires sans honneur, de viveurs pervers ont entamé la *hidalguia* de l'héritier légitime de la couronne d'Espagne et assoupi sa belle fougue de jadis. En ce moment peut-être, las de la lutte, doutant de ses droits et de l'amour de son peuple, le duc de Madrid troquerait volontiers l'espoir de sa problématique royauté contre un coffre-fort crevant de bancknotes.

Lors de notre dernière prise d'armes, je fus frappé de la réserve hautaine et de l'humeur taciturne du prince. En Espagne, pays par excellence de l'égalité dans les mœurs, un roi ne gagnera le cœur de ses sujets que par une familiarité noble et une joviale bonhomie dépouillées de toute affectation de dédaigneuse condescendance. L'anecdote que voici vous donnera la mesure de la fierté d'âme de nos paysans.

C'était à la fin de la guerre. Mises en échec par la maladresse d'un général, aussi médiocre stratège que richement titré, nos troupes battaient en retraite vers les Pyrénées, dans cette partie de la province de Pampelune que la fécondité de ses vignobles a fait surnommer la *Rioja* — la rouge. A l'entrée d'un misérable hameau, une vieille femme s'élança au devant de don Carlos et lui présenta une paire de chapons à titre d'hommage de fidélité.

— Comte... fit le duc de Madrid en se tournant vers son aide de camp, donnez un doublon à cette femme.

L'officier n'eut pas le temps d'ouvrir sa bourse.

— *Tu ! Borbone !* toi, Bourbon ! gémit la Navarraise, en jetant son offrande dans la poussière du chemin. Tu n'es qu'un bâtard ! Un Bourbon m'eût donné sa main à baiser en me disant merci. Bourbon... toi ?.... Non, tu n'es pas un Bourbon !

— Mauvais présage, messieurs, murmura le Roi qui avait pâli sous l'héroïque apostrophe de la sybille villageoise.

Trois jours plus tard, les derniers débris des bandes carlistes, poursuivies l'épée aux reins par l'armée libérale, se retiraient sur le territoire français.

Sa Majesté n'ignore point les véritables raisons de ses malheurs. Aussi, quand ses partisans entreront de nouveau en campagne, se débarrassera-t-elle, tout d'abord, des corps irréguliers commandés par des *cabecillas* qui n'opèrent que pour leur propre compte. Cette fois, nous ferons une « guerre propre », selon le mot même de notre roi, en nous appuyant exclusivement sur les honnêtes gens. Au premier coup de canon, si le démon des aventures vous tourmente encore, rejoignez-moi à l'état-major général ; le duc de Madrid me veut quelque bien, et je vous ferai placer en bon rang. »

J'ai accepté, en principe, l'enrôlement que m'offre avec cordialité le docteur Gueule-d'Or. C'est entendu : à l'heure où les premières colonnes de l'armée catholique donneront le signal de l'attaque, je n'hésiterai pas à passer les Pyrénées et à venir prendre une part active à cette « guerre propre » que don Carlos ménage à ses partisans et à son peuple. Ce ne sera pas... demain.

Autrefois capitale de principauté arabe, Ronda ne se signale aujourd'hui à l'attention du voyageur que par son étonnante position au centre d'une région montagneuse, de difficile accès, et l'extraordinaire hardiesse de ses ponts enjambant à plus de deux cents pieds de hauteur les eaux grondantes du Guadelevin. Malgré sa décadence, c'est encore une ville importante, d'un caractère très local, et renommée à tort ou à raison pour l'humeur chagrine et querelleuse de ses habitants.

Au débotté, je suis entrepris par un jeune homme assez proprement vêtu qui me demande l'aumône dans le français le plus correct.

— De quel pays êtes-vous ? ai-je demandé à cet aristocrate de la *luna*.

— De la Pologne, monsieur.

— Je croyais que le « coup du Polonais » ne mordait plus, même en Espagne.

— Je n'ai pas à me plaindre, monsieur. En ce moment, je représente l'unique rejeton d'une illustre famille de Varsovie, échappé par miracle à une exécution politique. Des titres authentiques témoignent de ma noble filiation et de mes malheurs. Voulez-vous les voir?

— Merci, je sais mon histoire de Pologne. Pourquoi ne seriez-vous pas fils de prince? Il n'y a rien qui ressemble autant à un roi en exil qu'un vagabond. Mais, dites-moi, comment se fait-il que, jeune, robuste et intelligent, vous traîniez la paresseuse existence du *picaro*?

— Vous sortez de la question, monsieur. Je demande l'aumône et non pas des conseils à la Franklin.

— L'aumône vous est acquise par avance, mon prince. Un mot seulement. Avez-vous un métier?

— Je suis ou plutôt j'étais sellier, et, sans me faire de compliments, je n'ai pas mon pareil pour monter une selle anglaise. Mon tour de main a toujours fait le désespoir et l'envie de camarades impuissants à le surprendre. Ce n'est point par paresse que je vis en état de grève perpétuelle; je n'ai dit un adieu définitif à l'atelier qu'à la suite de sérieuses études d'économie politique et de profondes réflexions sur l'état présent de la société.

— Vous êtes socialiste?

— Un peu, oui, et, j'ose l'affirmer, un socialiste merle-blanc, qui n'hésite pas devant l'application totale et immédiate de ses théories de réformation.

— Votre doctrine sociale serait-elle un secret comme celui du montage des selles anglaises?

— Non, monsieur. Je la prêche à qui veut l'entendre, et, si ma philosophie sociale peut vous intéresser, je suis prêt à vous en donner un aperçu.

— A votre aise.

— Je ne sais si vous tenez en réserve une solution du problème de la misère. Cela ne me surprendrait aucunement. A notre époque, il n'est pas de clerc d'huissier ni de conducteur d'omnibus qui ne se targue de posséder une infaillible panacée sociale. Dix années d'une étude consciencieuse de tous les systèmes connus de réformation économique, depuis les rêveries communistes de Campanella jusqu'à l'anarchisme, en passant par la coopération d'Owen, l'attraction passionnelle de Fourier, le collectivisme des Allemands et le crédit gratuit de Proudhon, m'ont amené à conclure que la meilleure de toutes ces combinaisons ne valait pas le diable. A mon humble avis, une société libre, égalitaire, harmonieuse, où l'individu aura la jouissance de l'intégralité du fruit de son travail, ne sortira que d'une commotion violente et destructive dont les menaçants symptômes se manifestent avec une évidence qui crève les yeux des bourgeois les plus endurcis. Mais dans combien d'années éclatera cette conflagration, nécessaire, personne n'en doute; inéluctable, cela est certain ; européenne, c'est très probable; quand? *That is the question.* D'ici là, le roi, l'âne, pardon, je veux dire votre serviteur, aura eu tout le temps de s'en aller *a finibus terræ*. En attendant ce « grand soir », pour parler comme les « petits féroces » du socialisme littéraire et boulevardier, il faut vivre dans une société anarchique qui ne jure que par Malthus et le *struggle for life*, et n'a jamais su répondre aux légitimes revendications du travailleur que par les apophthegmes niaisement barbares des pontifes de l'école du « laissez faire, laissez passer » ou d'impitoyables répressions militaires.

Comment donc subsister, dans un monde livré aux excès du monopole, aux perturbations criminelles du marché de l'argent et à une surproduction industrielle avilissant le taux des marchandises et des salaires? A ne regarder qu'à la surface des choses, comme doit le faire tout homme pratique plus préoccupé des nécessités du présent que des beautés d'un avenir incertain, on constate cette désespérante vérité : il y a trop d'ouvriers!

Que faire dans ces conditions ? Ce que j'ai sagement fait moi-même : déserter l'atelier, faire de la place aux camarades victimes de la loi de l'offre et de la demande. Que demain, cent, mille, un million de travailleurs réduits à la plus atroce misère par de fréquents chômages, l'abaissement monstrueux des salaires et le renchérissement des objets de consommation, « enterrent leurs outils », comme le célèbre compagnon de la chanson du tour de France, il se produira le phénomène suivant : l'offre devenant égale et bientôt inférieure à la demande, les ouvriers sans emploi trouveront du travail et l'augmentation du taux des salaires sera la conséquence immédiate de la disparition subite des camarades résolûment engagés sur le trimard. J'avoue que ma solution n'est que partielle, momentanée, mais elle est d'une application facile pour les intéressés et très rassurante pour les capitalistes. L'augmentation du nombre des ouvriers mendiants décidés à une grève perpétuelle serait une garantie sérieuse de paix sociale. Maintenant, allez-vous me dire, que vont devenir ces ci-devant travailleurs dispersés sur toutes les routes du monde ?

Ici, j'ai interrompu le verbeux *tunante*.

— Pourvu qu'ils aient un brin d'imagination et la langue aussi bien pendue que vous, je n'ai aucune inquiétude sur l'avenir de ces chevaliers du travail. Mes occupations me mettent dans la nécessité de vous dire adieu ; nous reprendrons cet entretien une autre fois.

D'ailleurs, vous devez avoir soif. Vous m'avez amusé pour plus de cinquante francs, et il est juste que je vous indemnise de votre peine. Prenez ces quarante sous, somme évidemment partielle, contingente, comme votre solution du problème de la misère. Je vous réglerai le surplus de ma dette le jour de la liquidation sociale.

Le conducteur de la diligence antédiluvienne qui fait le service entre Ronda et la ligne du chemin de fer de Madrid à Malaga a bien voulu m'offrir... en payant, une place d'impériale. En face de Teba, j'ai interrogé l'automédon sur la famille de Montijo, originaire, m'a-t-on assuré, de ce petit village audacieusement perché sur la crête d'une *sierra* du plus étrange aspect. Cet imbécile ignore jusqu'à l'existence d'Eugénie de Montijo, comtesse de Teba, autrefois impératrice des Français. Il m'avoue, non sans réticences, avoir vaguement entendu parler autrefois d'un sieur Montijo, de son vivant contrebandier, qui finit son aventureuse existence sur les galères de Sa Majesté royale. Évidemment, ce misérable n'avait rien de commun avec la famille de la veuve de Napoléon III.

S'il ne sait rien de l'histoire des Montijo, le conducteur connaît à merveille les endroits où l'on débite de l'*aguardiente*. Sourd aux reproches des voyageurs, cet enragé soifard descend de lieue en lieue ingurgiter un verre d'anisette dans les *ventas* et les cabanes de cantonnier. Nous arrivons à la station de Gobantes assez à temps pour voir passer le train se dirigeant vers Malaga.

C'est à Gobantes que commence le premier des dix-sept tunnels qui, ajoutés presque bout à bout, courent sur les flancs déchiquetés de la célèbre faille ou brèche des *Gaytanes*. Du haut des tranchées à ciel ouvert séparant les diverses sections de ce prodigieux travail d'architecture industrielle, on aperçoit les eaux grondantes du Guadalhorce roulant dans les profondeurs de la brèche.

J'essaye de cette route ténébreuse. Au milieu du maître tunnel mesurant près de deux mille mètres, je me heurte à une troupe d'hommes qu'un instant j'ai pris pour des brigands. Vérification faite de leur identité, à la flamme d'allumettes-bougies, ces bandits sont revêtus du rassurant uniforme de la *guardia civil.*

Que diable faites-vous donc dans ce tunnel? me demande le brigadier.

— Ce que vous y faites vraisemblablement vous-même, digne *cabo* ; j'y cherche des *bandoleros* qui persistent à ne pas vouloir montrer seulement le bout de leur nez.

— Soyez prudent, *señor*. Les cavernes des *Gaytanes* donnent asile à de nombreux affiliés des sociétés secrètes.

— Que vous ne parvenez pas à déloger de leurs noires retraites?

— Hélas !

— Si j'en rencontre sur mon passage, croyez que je me ferai un plaisir de vous les adresser. Bonjour, messieurs.

— *Vaya usted con Dios, amigo !*

Au sortir des galeries souterraines de cette étrange brèche des *Gaytanes*, je demeure convaincu que l'existence des sectaires de la *Mano-negra* n'est qu'un bruit que les gendarmes font courir, on devine pourquoi.

L'admirable plaine qui, du pied de la *sierra*

de Tolox, développe jusqu'aux rivages de la Méditerranée ses champs de vignes et d'orangers ourlés de cactus gigantesques, ne saurait être une terre de malfaiteurs. De vertueux campagnards, héritiers des traditions arcadiennes, y gardent fidèlement les mœurs de l'âge d'or, à l'abri de maisonnettes barbouillées de chaux, éparpillées comme un vol de colombes dans la sombre verdure de paysages africains. Il est vrai que la paix de ces heureuses contrées souffre, parfois, de rixes mortelles entre amis et voisins ; mais un meurtre isolé, né de rivalités d'amour ou de divergences d'opinions, ne prouve rien contre l'extraordinaire sécurité de la région ni le légitime renom d'honneur des *malagueñitos*.

Si le touriste ne vit pas seulement de pain, comme l'assure l'Évangile, quelque réfection lui est cependant indispensable à l'issue de l'exploration hasardeuse d'une longue enfilade de tunnels ténébreux et humides. Heureusement, les *posadas* du *campo* de Malaga offrent un confortable inconnu à leurs sœurs de la Castille et du pays manchego. Aux environs de l'acropole de la souriante cité d'Alora dont les blanches maisons, ombragées de treilles, de citronniers et de palmiers, grimpent capricieusement le long de pentes abruptes, j'ai mis la main sur une *posada* d'ordre supérieur. Sa cuisine est mangeable et ses lits complètement veufs d'insectes amis de l'homme.

Dans la cour intérieure de l'auberge, un homme d'une trentaine d'années, nu jusqu'à la ceinture, chante en s'accompagnant de *pizzicati* de guitare aussi maigres que sa piteuse et noire anatomie :

> *On dit que tu te maries,*
> *Et moi je m'en vais mourir.*
> *Ton amour, c'est ma folie...*

— Quand partez-vous rejoindre vos ancêtres? dis-je au musicien dont les yeux brillants de malice et le sourire narquois trahissent la vive intelligence.

— Mais, le plus tard possible, monsieur. A la vérité, je me porte pour le quart d'heure comme la maçonnerie du tunnel des *Gaytanes*, et veuillez croire que, si je soupire la romance d'*Ay Chiquita*, ce n'est point pour me consoler des trahisons de ma maîtresse ni par un amour exagéré de la romance sentimentale. C'est tout simplement pour activer la dessiccation de mon unique chemise que vous voyez là, exposée au soleil sur cette corde.

— Amphion bâtissait des villes au son de sa lyre ; vous faites sécher votre linge en chantant des complaintes. Prenez un brevet : l'invention en est digne.

— Notez, monsieur, a continué cet original, que le caractère des airs n'est pas indifférent au succès de l'opération. J'ai observé que la musique spirituelle et badine des Italiens n'avait aucune influence sur l'évaporation de l'eau de lessive emprisonnée dans les fibres du tissu de ce vêtement de luxe. Ma chemise est surtout réfractaire aux récitatifs de l'opéra allemand. Jusqu'à présent c'est la romance sentimentale et pleurarde qui lui a le mieux réussi. Que voulez-vous ! Cette pauvre guenille a essuyé de terribles orages avant de venir s'abattre sur mon échine. Propriété d'un criminel fameux, exécuté il y a deux ans sur la place publique d'Antequera, je la tiens d'un mien camarade héritier du supplicié en sa qualité de valet du bourreau. Vous vous expliquez maintenant la secrète sympathie de cette loque tragique pour les chansons élégiaques et les complaintes ténébreuses.

— Vous êtes Français?

— Périgourdin, oui, monsieur, pour vous servir, et, quoique mon nom ne figure pas dans l'armorial de France, ma famille date d'aussi loin que les Rohan et les Montmorency : je m'appelle Lambert.

— Voudriez-vous me faire l'amitié d'accepter un *cuartillo* de Malaga?

— De grand cœur.

Cette caricature de Panurge m'a conté son histoire :

Ex-caporal clairon dans un régiment d'infanterie de marine, il a été réformé à la suite d'un accident de gymnase. « Renvoyé dans mes foyers, sans pension, infirme ou à peu près, me dit ce pauvre bougre, il ne me restait d'autres ressources que le vagabondage et la mendicité, professions particulièrement fertiles en condamnations correctionnelles et en jours sans pain. Un jour, las de rouler de maisons d'arrêt en dépôts de mendicité, je pris la route d'Espagne, ce pays de cocagne de la gueuserie, et m'y fixai définitivement. Avec la sage lenteur de l'escargot, je vais par un itinéraire savamment calculé : l'hiver, je prends mes quartiers dans les provinces de Murcie et de Cordoue ; pendant la semaine sainte, je descends à Séville ; vers les fêtes de la Pentecôte, je visite Cadiz et, chaque année, invariablement, on me retrouve à la saison des vendanges dans le *campo* de Malaga. Très gai par nature, je ne me laisse pas démonter par la mauvaise fortune ; heureux ou néfastes, les événements glissent sur mon âme comme l'averse sur un parapluie ; qu'il fasse beau, qu'il fasse laid, que mes poches crèvent de *cuartos* ou que leurs doublures se confondent, je fais la nique au destin, je dis mille balivernes et roucoule du matin au soir un inépuisable répertoire de chansonnettes.

Certes, il me serait doux de posséder un chez moi, d'avoir une compagne et des enfants que je ferais vivre de mon travail. L'Eternel barbu qui règle les choses d'ici-bas, avec plus de justice qu'il n'y paraît peut-être, en a décidé autrement. Né pauvre, je dois vivre et mourir pauvre. Qui sait ? J'aurai peut-être fait mon purgatoire sur terre, et m'envolerai droit au ciel comme une bulle de savon. Ce jour-là, les bourgeois égoïstes qui m'ont barbarement chassé de leur porte, les *avocats-bêcheurs* qui jadis me foudroyèrent de leurs réquisitoires haineux et imbéciles, feront une assez laide grimace dans la chaudière de monsieur du Diable, à la vue du chétif vagabond honorablement assis à la table du bon Dieu. D'ailleurs, tout compte fait, je n'ai pas été aussi malheureux qu'on pourrait l'imaginer. Enfant, soldat, prisonnier même, j'ai toujours mangé à ma faim ; vagabond, *tunante*, j'ai joui d'une liberté absolue, admiré de sublimes paysages, bu du vin à gueule que veux-tu, et, dois-je le dire ? caressé d'appétissantes donzelles que n'épouvantait pas mon noir museau tanné par le soleil et les orages.

Les *Malagueños* prétendent que je descends en ligne directe du légendaire coq de Moron qui, plumé vif, n'en poursuivait pas moins avec verve sa retentissante fanfare. — *Sin plumas y cacareando*. — C'est possible. Il y a en effet du coq dans ma nature. Gamin, j'avais la rage de souffler dans des pipeaux d'écorce; au régiment je fus clairon, et maintenant j'assourdis les gens de mes refrains burlesques. Longtemps mon nom a volé de bouche en bouche. Rappelez-vous la scie populaire sous le second Empire : « Ohé ! Lambert ! As-tu vu Lambert ? » Il était écrit que je devais faire du bruit sur la terre. Veuillez m'excuser, monsieur, si je vous quitte. Un familier son de cloche monte des profondeurs insondables de mon estomac. C'est l'heure du dîner et de ma rentrée dans le monde. Je cours passer ma chemise ; au revoir et à bientôt. »

Dans la soirée, les contes et les chansons de ce trimard philosophe ont attiré autour de lui une nombreuse clientèle d'auditeurs. Lambert est une inépuisable mine de drôleries extravagantes et d'histoires de toutes couleurs. L'aventure de la reine d'Espagne, qui chargea un soldat en goguette de l'emplette de deux *cuartos* de quelque chose et deux *cuartos* de rien du tout, a obtenu un succès mérité de fou rire. Malheureusement, il nous est interdit d'en donner la traduction. Depuis que des œuvres littéraires, auxquelles les tenanciers de maisons publiques, soucieux de la moralité de leurs pensionnaires, ferment impitoyablement leurs portes, forment le fonds de bibliothèque des demoiselles à marier, et que, selon le mot de Proudhon, « la morale des marchands de cochons est devenue celle des honnêtes gens », l'hypocrite pudibonderie bourgeoise se révolte à l'idée d'entendre appeler chat un matou et les choses généralement quelconques par leur nom propre. Tant pis pour cette vertueuse péronnelle! Je ne lui dirai pas le joli conte du troupier acheteur de deux *cuartos* de quelque chose et de deux *cuartos* de rien du tout.

Un vieil *arriero* a ramené la causerie du plaisant au sévère par le récit horrifique des méfaits commis récemment dans la province et, naturellement, imputés aux anarchistes. Trois hommes masqués ont enlevé nuitamment de son domicile le notaire de Marbella et l'ont crucifié à quelques kilomètres de la ville ; la servante du chanoine Serrato, de Campillos, a eu les pieds chauffés par des socialistes curieux de la couleur des doublons de son maître.

Agacé par cette longue énumération de bourgeois grillés, de muletiers précipités dans des ravins, de femmes mises à mal, puis éventrées, et de marmots dévorés à la croque au sel, Lambert interrompt le chroniqueur.

— Pourriez-vous me dire, lui demande-t-il, le but que poursuivent les gens que vous appelez des socialistes, des anarchistes.

— L'abolition de la propriété individuelle, je crois, et la suppression de la monnaie.

— Tiens ! Mais, alors, vos terroristes me font l'effet de naïfs enfonceurs de portes ouvertes. A bas la propriété ! Plus de monnaie ! Ce cri de guerre n'est pas neuf, et je vous prie de croire qu'il n'a rien d'effrayant en soi. Le défaut de propriété et le manque de monnaie sont depuis des siècles la règle de l'universalité des hommes. Aussi vous m'amusez fort quand je vous entends dire que des citoyens crucifient, brûlent, assomment, violent et dévalisent leurs frères en Jésus-Christ dans l'unique espoir d'établir sur la terre le règne universel des vagabonds et des sans le sou.

— *El gallo de Moron*, ai-je dit à mon tour, vient de parler comme un nouveau saint Jean

Bouche d'Or. Ces soi-disant révolutionnaires, dont les sanglantes entreprises vous glacent tous d'épouvante, ne sont que de vulgaires bandits qui s'affublent du titre d'anarchiste aujourd'hui à la mode. A toutes les époques de l'histoire, des malfaiteurs ont volontiers abrité leurs crimes et leurs rapines sous le couvert d'une bannière politique ou religieuse. Sans remonter bien haut, n'avons-nous pas souffert en France, au commencement de ce siècle, des compagnons de *Jésus* ou du *Soleil*, qui se livraient au même genre d'exercices que vos anarchistes, au nom de notre Saint Père le Pape et du Roi très chrétien? Il y a quelques années, en pleine insurrection carliste, deux bandes de trabucaïres saccagèrent à des reprises différentes le casino de Bellegarde, sur la frontière des Pyrénées-Orientales. La première se présenta, espingoles au poing et *navajas* à la ceinture, au nom de Sa Majesté Catholique don Carlos de Bourbon; la deuxième, non moins armée que sa sœur ennemie, opérait, à l'en croire, pour le compte du gouvernement libéral. En réalité, carlistes et républicains étaient des routiers de même billon.

Le socialisme n'a rien de commun avec les crimes odieux qui désolent vos campagnes. Il est certain que la fortune est injustement répartie et que le travailleur ne reçoit pas une rémunération équitable. Mais le prolétaire n'a pas à attendre un régime de liberté politique et d'harmonie économique de la propagande armée de réformateurs barbouillés de suie. Le vol et l'assassinat sont toujours des crimes, de quelque prétexte qu'ils se décorent, et, quelle que puisse être l'excellence d'une doctrine, on ne doit pas la faire pénétrer dans la tête de ses adversaires à coups de crosse de fusil. Ce serait l'Inquisition retournée. Tenez en égale défiance les politiciens aux paroles creuses et les violents apôtres de dame Dynamite. La révolution sociale, œuvre des ouvriers eux-mêmes, ne triomphera des iniquités et des abus du vieux monde que lorsque les exploités auront une nette conscience de leurs droits et de leurs devoirs.

Cette harangue réfrigérante a clôturé la soirée si joyeusement ouverte par le coq de Moron. Muletiers, marchands de pastèques et d'oranges, *tunantes*, dressent leur *media-*

cama ou demi-lit sur le pavé de la *posada*, et bientôt toute cette pittoresque cohue rentre dans un profond repos.

Le jour va poindre, quand je suis réveillé par un épouvantable vacarme mêlé de cris de détresse. Une bande de propagandistes par le fait envahirait-elle l'auberge? Éperdu, le *posadero* brandit un tromblon en vociférant des menaces à l'adresse d'invisibles assaillants ; fourche en main, les garçons d'écurie accourent à la rescousse ; armées de lampes, la maîtresse du logis et une maritorne bien en chair, vêtue d'un embryon de chemise s'arrêtant au ras du nombril, s'élancent courageusement dans la mêlée. De quoi s'agit-il, grands dieux? Les uns crient au meurtre, d'autres au feu, tous virent comme des écureuils en cage, à la poursuite de malfaiteurs imaginaires. Tout s'explique à la fin !

Appelé au dehors par un besoin commun aux princes de la terre et aux plus humbles mendiants, le sieur Lambert s'est trompé de direction au retour de ce petit voyage, et a pris pied par mégarde dans le lit d'une marchande de pastèques. Réveillée en sursaut, la

Cercadilla, c'est le nom de la victime, a poussé ces cris de détresse qui ont jeté la maison sens dessus dessous. L'aventure tourne à la farce. Le *gallo de Moron* affirme s'être conduit en galant homme dans cette délicate circonstance ; la Cercadilla jure ses grands saints que ce pouilleux de Français a profité jusqu'au bout de la méprise.

— Il fallait crier avant la chose et non pas après, ricane la patronne. Allons, calme-toi, ma fille ; tu ne mourras pas de cette passade. Quand une femme a, comme toi, fait le tour de la *sierra* de Tolox sur le dos, elle a mauvaise grâce à se plaindre d'un accident aussi véniel.

— Carogne ! voleuse ! rugit la marchande de pastèques. C'est bien à toi qu'il appartient de prêcher la morale aux autres ! Regardez donc cette Madame la Vertu qui pour un *real* montre la... peau de ses servantes aux voyageurs, quand elle ne leur sert pas le ragoûtant spectacle de ce qui lui appartient en propre. Hue, traînée ! Hue, paillasse !

— Attendez un peu, bégaye pourpre de fureur la cabaretière en s'élançant, poing levé, sur la Cercadilla, vous allez voir comment on vide une carcasse.

On sépare les deux furies, et le *posadero* réussit à entraîner sa colérique moitié. Ravie de cette scène picaresque, souriante, la grasse maritorne gravit paresseusement les marches de l'escalier, en imprimant aux brunes rotondités de sa majestueuse *post-face* le gracieux et irrésistible balancement que les Andalous nomment *meneo*. A demi gagnée par la logique et la verve de Lambert, la Cercadilla noie ses larmes et sa rancune dans un grand verre de vin blanc que son séducteur lui fait boire à petites lampées.

L'heure du départ approche. Je descends vers la station où, selon l'horaire, doit passer le train se dirigeant vers Malaga, à six heures vingt-cinq, *poco mas o menos*, c'est-à-dire avec une avance ou un retard pouvant varier de cinq minutes à une demi-journée.

L'affiche du théâtre italien de Malaga m'a tenté. On donne ce soir la *Gazza ladra* devant une salle aux trois quarts vide. D'aventure, mon voisin de stalle, robuste et fier jeune homme portant avec crânerie le costume des *majos* andalous, est un dilettante érudit et judicieux. A la sortie du spectacle, Juan Carrasco, c'est le nom de cet Espagnol de la vieille roche, m'invite à prendre une délicieuse glace à la *neveria de los Reyes*.

— Comment expliquez-vous, ai-je demandé à mon nouvel ami, le peu de goût de vos compatriotes pour l'opéra-comique ? Il n'y avait que des banquettes dans la salle, et j'imagine que c'est assez la règle à Malaga.

— Depuis quelques années, l'opéra ne fait pas ses frais et en voici la raison, *señor mio*. Le *Malagueño* est artiste d'instinct et, s'il ne va pas au théâtre, il ne faut s'en prendre qu'à l'épidémie régnante que nos plus célèbres médecins appellent « manque de *cuartos* ». Le petit employé, le boutiquier et l'artisan réservent leurs minces économies pour les solennités tauromachiques. En dehors des causes générales de l'état de misère économique de la nation, Malaga souffre particulièrement de la quarantaine dont l'ont frappé les Anglais. Un cimetière uniquement peuplé de sujets britanniques, et que je vous ferai visiter, témoigne de l'importance de la colonie anglaise qui demandait autrefois à notre beau ciel la guérison de vilaines maladies importées d'Outre-Manche. Ces insulaires laissaient beaucoup d'argent sur la place et alimentaient une foule d'industries, aujourd'hui mortes ou languissantes.

— Quel fléau a donc chassé les *Goddams* de Malaga ?

— L'exode des hiverneurs anglais se rattache à une étrange histoire dont je fus le héros involontaire et que je vous raconterai demain. Venez me demander à déjeuner, 215, *calle de l'Ave Maria*.

— On ne saurait être plus aimable, *señor* Carrasco. J'accepte votre invitation de grand cœur.

— A demain donc, *caballero*.

— C'est entendu. *Buenas noches.*

Après cent détours dans l'inextricable réseau des voies étroites et tortueuses de la populeuse cité andalouse, j'ai fini par découvrir la rue de l'*Ave Maria*. Comme toutes les maisons qui se respectent, celle du *señor* Carrasco est enluminée de jolis panneaux en grisailles au milieu desquels s'ouvrent de rares fenêtres défendues par des serrureries d'art. Je frappe à une porte constellée de gros clous menaçants. La face d'ébène d'une négresse s'encadre brusquement dans le guichet à claire-voie.

C'est toi *li monsiou francès?* fait l'Africaine dans son réjouissant *sabir*.

— Lui-même, ange de mes rêves.

— *Muy bien.*

Cap de Dious ! Mon ami Juan Carrasco ne se mouche pas du pied. C'est un palais des Mille et une Nuits que le 215 de la rue de l'*Ave Maria*. Le corridor, plaqué de marbres précieux et pavé en mosaïque, donne accès dans un vaste *patio* à colonnes mauresques couvert d'un velum de fine toile rayée aux couleurs nationales. Des jets d'eau gazouillent au centre de vasques de marbre noyées dans des massifs de grenadiers ; des guirlandes de jasmins courent le long du balcon sur lequel s'ouvrent les appartements. La table, étincelante d'argenterie et de cristaux, se dresse entre une double allée de citronniers et d'orangers plantés dans d'élégantes poteries. Une odeur compliquée et capiteuse de pastilles du sérail et d'opoponax flotte dans l'air tiède du *patio*. Décidément, si don Juan n'est pas affligé de la grandesse, c'est à coup sûr ce que nos boulevardiers appellent un homme « très bien ».

— L'exactitude est la politesse des rois, me dit mon aimable amphytrion en me tendant les mains ; c'est aussi celle des Français. Conchita ! ajoute-t-il en parlant à la cantonade, voici notre hôte.

Madame Carrasco est une savoureuse créature à la lèvre écarlate et dont la brune carnation perce sous un demi-centimètre de fleur de riz.

— J'aime beaucoup les Français, minaude-t-elle, et j'ai gardé le meilleur souvenir de mon séjour à Carcassonne et à Béziers.

Que diable la maîtresse de ce logis princier peut-elle bien avoir été négocier dans ces villes lointaines qu'elle appelle *Carcassonna* et *Beziez ?*

— A table ! commande d'un ton sans réplique Carrasco ; fais descendre les enfants.

Je suis loin d'avoir de l'antipathie pour la marmaille — cet espoir de l'avenir, — mais je me serais fort bien passé de la présence des héritiers de la maison au déjeuner. En bon père de famille, don Juan n'a pas voulu priver sa progéniture de la vue de son invité. D'ailleurs, charbonnier est maître chez lui.

— Dolorès ! Florentina ! Isabel ! Lola ! Carmen ! Preciosa ! Gracia ! Lalla Rouck ! crie Conchita aux quatre coins du *patio*.

Du rez-de-chaussée, de l'étage supérieur, de droite, de gauche, de tous les côtés il pleut des filles Carrasco et, s'il vous plaît, de grandes filles qui ont eu le temps de renouveler à plusieurs reprises leur première communion. Il y en a de grandes, de petites, de brunes, de blondes, de grasses, de maigres ; les unes sont Aragonaises, d'autres Sévillanes ; Isabel est de Valence, Preciosa, Galicienne, et Lalla Rouck, de Tanger. Pour une jolie famille, vraiment c'est une jolie famille.

La richesse des lambris du 215 de la rue de l'*Ave Maria* m'avait aveuglé, et je m'explique maintenant les voyages de Conchita à Carcassonne et à Béziers. Mon ami Juan Carrasco n'est point un grand d'Espagne ni le fils d'un planteur cubain. C'est tout simplement, comment dirons-nous? un... conseiller Bonneau d'un ordre relevé, tenancier irréprochable et correct du plus luxueux... « salon de société » de Malaga.

Ce n'est pas le moment de faire la petite bouche ni d'affecter de rigides attitudes de *quaker*. Le vin est tiré, et, comme ce doit être du meilleur, il n'y a qu'à l'avaler stoïquement. Après tout, ce n'est pas ma faute si je me suis fourvoyé dans ce galant guêpier. Pourquoi le hasard, « ce proxénète universel », a-t-il jeté dans les jambes d'un dilettante de mon espèce ce Juan Carrasco, rossiniste à tous crins et... entrepreneur d'amours tarifées? Je me lave les mains du péché, si péché il y a : Rossini n'avait qu'à ne pas écrire la *Gazza ladra*.

La mère abbesse m'a présenté son personnel dont elle me vante les qualités de beauté, de douceur et de... modestie.

— Ma maison, ajoute Conchita, est le rendez-vous de l'armée, de la magistrature...

— Et... du clergé, riposte don Juan d'une voix narquoise. Ne fais donc pas l'article à monsieur. Il est entendu que ton hôtel est une manière de *Pré aux clercs* et que tu sers « la

Cour et la noblesse. » Placeras-tu ta smala ? *sangre de Cristo! cuerpo de la Virgen!* Nous y sommes! *Bueno!* Florentina, dis le *benedicite*, mon enfant.

Un succulent potage printanier a ouvert le déjeuner, savante et rare manifestation de la haute cuisine espagnole. Au champagne, l'aimable Conchita a fait exécuter par les élèves de son pensionnat modèle une suite de danses dont j'ai goûté le caractère d'originale intimité et de parfait naturel.

— Je vous rends grâces du divertissement que vous venez de m'offrir, dis-je à don Juan ; mais j'attends encore une faveur de votre obligeance.

— Mon histoire, n'est-ce pas ?

— Oui ! Je voudrais savoir pourquoi les Anglais n'hivernent plus à Malaga.

— Voici, *excelentisimo señor* : J'étais il y a dix ans... C'est bien dix ans, Conchita ?

— *Si, diez años !*

— Je disais donc qu'il y a dix ans, j'avais l'honneur de figurer en qualité de sergent-major sur les rôles du vaillant régiment de l'Infante. Dans le service de l'Espagne, le militaire n'est guère plus fortuné que dans celui de l'Autriche, d'avaricieuse réputation. Victime du fâcheux état de vacuité des caisses publiques, je touchais.., quelquefois, de dérisoires acomptes sur ma solde, et j'eusse fait triste figure dans la vie sans les avances que me glissait sur nos futurs acquêts mademoiselle Conchita Paracuellos, aujourd'hui mon épouse devant Dieu, et alors attachée à l'immeuble dont nous sommes devenus les heureux exploitants.

Par une chaude nuit de juin, les lèvres encore humides des baisers de mon amie, je regagnais le quartier d'un pas alerte, lorsqu'en passant devant la *neveria de los Reyes*, l'irrésistible besoin de prendre un sorbet me poussa dans ce recommandable *salon de refrescos*. La perspective de huit jours d'arrêts ne m'épouvantait point : j'avais vingt ans, j'étais aimé, et trois beaux écus, cadeau de ma Conchita, tintaient au profond de ma bourse. Aux abords de la *neveria*, je donnai du pied dans un objet de consistance molle, qui n'était pas ce que vous pourriez supposer. Non. C'était un volumineux portefeuille de maroquin que, d'un geste rapide, je dissimulai sous l'épaisseur de ma tunique.

Le matin seulement, j'osai faire l'inventaire du contenu de ma trouvaille. Ah! *señor*, je frémis encore à ce lointain souvenir. Ce portefeuille renfermait une liasse de billets de la Banque d'Angleterre formant le joli denier de cent mille francs. Que faire de cette somme? Ma première tentation fut de m'en emparer, mais bientôt ma conscience de catholique vint combattre ce mouvement instinctif d'égoïsme, et une voix intérieure me souffla à l'oreille: « Sergent Carrasco, tu ne voleras point! » Aveuglé par l'énormité du trésor si miraculeusement tombé dans mes mains, j'hésitais cependant à le restituer à son légitime possesseur dont j'ignorais d'ailleurs le nom et la naissance, cet original nabab paraissant plus prodigue de ses banknotes que de son adresse. A coup sûr, la somme appartenait à un Anglais, mais lequel, parmi les deux mille insulaires fixés à Malaga?

Les affiches publiques et les gazettes persistant à ne pas donner avis de la perte du portefeuille, je me décidai à faire part de mes perplexités à mon colonel, don Cayetano de Bobadilla.

— Tu es un loyal soldat, me dit don Cayetano, et je te proclame l'honneur de notre brave régiment de l'Infante. Cours à l'hôtel de l'*Iron Duke* et remets en mains propres à sir Arthur Robinson, *esquire*, leur négligent propriétaire, ces banknotes qui te brûlent les doigts. Un particulier assez riche pour semer avec une pareille désinvolture des paquets de quatre mille livres sterling dans les rues de Malaga ne se fera pas tirer l'oreille pour récompenser magnifiquement ta probité. Va, mon ami, et que notre grand saint Jacques t'assiste.

Mon colonel ne se trompait pas: l'objet perdu appartenait à cet Arthur Robinson, un grand sec aux favoris de filasse, trente fois millionnaire, disait-on, et d'une distraction proverbiale.

— Comment vous appelez-vous, sergent? fit du bout des lèvres le flegmatique nabab.

— Juan Carrasco.

— C'est le nom d'un imbécile. Personne ne vous réclamait ce portefeuille; vous auriez dû le garder. Adieu. J'ai l'honneur de vous saluer.

Au récit de cette réception discourtoise, don Cayetano entra en fureur.

— Ce porc malade, ce chien d'hérétique, s'écria le bouillant militaire, ne t'a seulement pas dit merci? Il t'a traité d'imbécile? Attendez un instant, sir Robinson; le colonel Bobadilla va vous prêcher la charité chrétienne sur un mode imprévu. Sergent Carrasco, ajouta-t-il avec un geste de capitan, aussi vrai que mon illustre aïeul don Sanche combattit aux côtés du grand Cid de Bivar, je te jure que l'offense qui t'a été faite aujourd'hui ne demeurera pas impunie.

Le colonel entra en coup de vent chez l'honorable *esquire*.

— Monsieur, commença-t-il en manière d'exorde, j'ai le plaisir de vous déclarer que vous êtes le plus atroce mufle qui ait jamais contaminé la surface du globe. En dépit des règles les plus élémentaires du vulgaire savoir-vivre, vous avez indignement outragé l'invincible régiment de l'Infante en la personne du sergent Carrasco.

— Colonel Bobadilla, répliqua le millionnaire d'une voix tranquille, je me moque du sergent Carrasco et de l'illustre régiment de l'Infante comme du Pape. Au surplus, je suis à votre disposition.

Le jour même, mon héroïque chef se battait avec Robinson qu'il blessa grièvement d'un coup d'épée.

— Récompensez dignement mon soldat de sa probité, demanda sur le terrain de la rencontre don Cayetano à son adversaire, et je vous tiens pour le plus galant homme du monde.

— Jamais ! fit l'Anglais ; il est trop bête.

— Nous recommencerons, monsieur.

— Quand vous voudrez, monsieur.

Et l'impassible Breton s'éloigna, appuyé sur ses deux témoins, en sifflotant un air de gigue entre ses jaunes incisives.

A peine rétabli, sir Arthur dut redescendre sur le pré. Nouvelle blessure, et nouveau refus d'accepter les conditions du colonel. A la sixième rencontre, don Cayetano touché par le courage de son malheureux adversaire, passé à l'état de plastron, fit une dernière tentative.

— Ne m'obligez pas, lui dit-il, à vous tuer en détail. Récompensez mon soldat, *sangre de Cristo !*

— Jamais! Il est trop bête.

— Puisque vous le prenez sur ce ton, rugit Bobadilla, je renonce à transformer votre peau en écumoire. Je vous déshonorerai, je vous ferai cocu.

— Faites. En cas de succès, je compterai mille livres au sergent Carrasco.

— C'est entendu.

— C'est convenu.

Les Anglaises en voyage sont, en général, d'inabordables créatures. Mistress Sarah Robinson était un épouvantail à moineaux. Comment mon colonel parvint-il à gagner le cœur de ce manche à balai ? Usa-t-il de philtres magiques, d'envoûtement? La pudique Sarah fut-elle sensible au beau physique et aux allures cavalières de don Cayetano? Ceci est resté un secret. Toujours est-il que sir Arthur perdit son pari. Cocu jusqu'à l'évidence, il me compta religieusement les mille livres convenues et s'empressa de filer à... l'anglaise. On ne l'a jamais revu depuis à Malaga.

L'aventure du colonel Bobadilla avait fait du bruit. Don Cayetano fut envoyé en disgrâce aux îles Philippines où il mourut prématurément, au cours d'une expédition sans gloire contre les tribus de l'intérieur.

La défaite de sir Robinson consterna les Anglais, qui s'éloignèrent pour toujours de leur plus chère station d'hiver. Beaucoup d'industries de luxe souffrirent, si elles ne moururent pas de ce départ en masse ; mais Juan Carrasco était riche.

Libéré du service, j'épousai Conchita. J'aurais pu vivre en rentier, mais l'oisiveté répugne à mon tempérament. D'une partie de l'argent anglais j'achetai la maison où j'ai le plaisir de vous recevoir, et j'employai le surplus à des réparations indispensables à son entier développement. Grâce à Dieu, nos affaires ont prospéré, et je puis dire avec un légitime orgueil que notre établissement est le premier du genre à Malaga. J'exerce avec honneur une industrie qui passe aux yeux du vulgaire pour déshonnête ; je suis doux à mon personnel, dévoué à ma clientèle, compatissant aux pauvres. Aussi, quand il plaira au

Juge éternel d'appeler à lui votre serviteur, Carrasco aura le droit de se dire qu'il a fait des heureux ici-bas.

A regarder au fond des choses, j'ai reçu la juste récompense de ma probité et de mon amour du travail. Si je m'étais obscurément approprié les mille livres de sir Robinson, il ne m'en resterait peut-être pas aujourd'hui de quoi m'offrir un verre d'*aguardiente*. Des moralistes sans foi auront beau accumuler volume sur dissertation pour prouver le contraire, j'ai la conviction indéracinable que la vertu n'est pas un vain mot.

— Vous n'êtes pas de l'avis de Marcus Junius Brutus, ami Carrasco.

— *Quien es* Brutus?

— Brutus !... Un ancien officier de mon régiment qui, ne pouvant survivre à la trahison de sa maîtresse, se brûla la cervelle dans un accès de désespoir.

IX

Un métaphysicien de la TUNA. — *Le serpent national.*
— « *L'enfant perdu, c'est l'enfant du bon Dieu.* » —
A travers la SIERRA. — *L'auberge-fantôme.* — LA
CONDUCCION. — *Justice et justiciers.* — *Cruautés
administratives.* — PERRO CHICO.

C'est à la cathédrale de Grenade que j'ai l'honneur d'être présenté à l'honorable sir Tom Blackball, *esquire*. Mêlé à la foule des touristes, je me suis arrêté devant la célèbre *Caridad* du puissant et trop fécond Torrigiani, quand le contact d'une main étrangère, insinuée dans la poche droite de mon pantalon, arrête net le cours de mes réflexions critiques.

Vérification faite, cette main appartient à un jeune Anglais. Bleus et profonds comme les lacs de son pays, les yeux de l'insulaire reflètent une candeur d'âme que l'on ne rencontre pas d'ordinaire chez les élèves de l'Académie royale des voleurs de Londres. Ce gentleman doit être poète, et c'est par pure distraction, sans doute, qu'il aura confondu ma poche avec la sienne. Quoique ce charmant jeune homme ne me soit pas présenté selon les règles rigoureuses de la civilité britannique, il est préférable de lier conversation avec lui que de le confier à quelque pataud d'*alguazil* qui me demandera mon passeport, et peut-être un pourboire.

— Inutile de prolonger plus longtemps votre exploration, ai-je murmuré à l'oreille de l'élégant *pick-pocket*, ma bourse est à gauche.

Sir Tom Blackball s'est incliné avec la plus parfaite correction et m'a tendu la main qu'il vient de retirer des profondeurs de mes chausses; j'ai répondu à ses avances par un cordial *skake-hand*. Nous voilà camarades.

A l'issue d'un solide déjeuner sous les frais ombrages du parc de l'hôtel Washington Irving, sir Tom, très allumé par la fine champagne, m'a régalé d'un important chapitre de son autobiographie.

— Je suis né, m'a-t-il dit, à Strafford-sur-Avon, la patrie de notre grand Will, et je terminais, il y a deux ans, de brillantes études à l'Université de Cambridge, quand je fus rappelé *at home* par un accident déplorable, quoique naturel. Très aventureux en spéculations, mon père, qui avait risqué la plus grosse part de sa fortune dans l'entreprise du Panama, s'était pendu au lendemain du krach de cette prodigieuse mystification financière. C'était périr par défaut de logique. Concevez-vous un Anglais confiant ses capitaux à des ennemis héréditaires, à des Français, à des « mangeurs de grenouille ? »

Les épaves de mon patrimoine dissipées, et ce ne fut pas long, il fallait imiter le ridicule exemple de l'auteur de mes jours, ou arranger promptement ma vie. Voici comment je l'arrangeai :

Pendant mes années de Cambridge, j'avais étudié, avec une ferveur rare chez un Anglo-Saxon, la philosophie de Schopenhauer et de Hartmann. Nourri des principes de la plus pure orthodoxie pessimiste, je résolus de faire à mon profit une application directe de la théorie de l'Inconscient.

Si, comme l'ont démontré les penseurs de l'école pessimiste, « l'anéantissement de l'individualité est l'unique bien de l'individu lui-même », il n'en est pas moins vrai qu'il existe plusieurs manières de poursuivre cet idéal éthique. L'immense cohue des humains, le *vulgum pecus*, court au *nirvana* par un chemin « montant, sablonneux, malaisé, » semé de perfides embûches tendues par la tyrannie, l'ignorance, la guerre, la maladie, la pauvreté et la faim. Parallèlement à ce calvaire une voie, fleurie des séductions du pouvoir et de toutes les jouissances du luxe mène, sans secousses notables, une élite de prédestinés vers l'Inconscient final. Je n'hésitai pas : je choisis le chemin numéro deux du *nirvana*. Mais, comme l'a remarqué un grand écrivain de chez vous, « ainsi que la vertu, la route numéro deux du bonheur a ses degrés, » et il existe de nombreuses catégories de virtuoses dans l'art de vivre aux dépens d'autrui, depuis le bandit en guenilles, guettant le voyageur au coin d'un bois, jusqu'au manieur d'argent recevant ses victimes sous les lambris dorés d'un hôtel fastueux.

Regardez, je vous prie, a continué le très honorable sir Blackball, ces trois jeunes gens qui descendent la grande avenue du parc. Ce sont de subtils *picaros*, doués, à un très haut degré, d'audace et d'ingéniosité, mais qu'un passé obscur, le manque d'information et la vulgarité d'allures refoulent aux derniers plans de l'escroquerie courante.

Autrefois mécanicien de la flotte britannique, Robert Tramps s'est retiré du service à la suite d'une gifle reçue de la main du commandant de son navire. La médiocrité ne mène généralement à rien, même en matière de vengeance. Robert devait encaisser chrétiennement sa gifle, ou abattre net son insulteur d'un coup de revolver. Ame tendre, facile au pardon, il se contenta de déserter, et, à l'heure actuelle, il se venge des procédés brutaux de l'état-major anglais sur le trésor de l'Eglise d'Espagne. Armé d'une lame de baleine enduite de poix, le dévot personnage s'introduit, aux heures favorables, dans les édifices consacrés au culte, et retire des troncs destinés à recevoir les offrandes des fidèles une recette souvent fructueuse. Ce travail, qui demande d'ailleurs de la maestria, est très dangereux, et conduira infailliblement le ci-devant mécanicien aux galères.

Ses camarades, Pignerol et le Nantais, sont moins ambitieux. Munis de listes de souscription au profit des victimes d'un sinistre récent, ils vont, de porte en porte, recueillir l'obole des âmes charitables. Il y a quelques années, ces drilles quêtaient pour les inondés de Murcie ; aujourd'hui trésoriers des familles décimées par la dernière épidémie cholérique, ils mendieront demain pour les incendiés de la Pointe-à-Pitre ou les phylloxérés du Groënland.

Cent fois pris au piège des souscriptions picaresques, l'Espagnol, dont la charité n'a d'égale que la crédulité, laisse rarement s'en retourner, les mains vides, l'audacieux filou porteur de listes timbrées du sceau d'un comité illusoire. Pignerol et son acolyte extirpent en moyenne à leur bénévole clientèle de deux à trois écus par jour.

Dégoûté des basses entreprises, Nantais a voulu tâter de la haute escroquerie ; mais le pauvre diable s'est brisé les reins à cette périlleuse voltige. Entré, je ne sais comment, dans le service des écuries du roi de Portugal, cet audacieux *tunante* ne tarda pas à s'élever à la dignité de chef palefrenier. Or, un soir qu'il revenait de promener deux étalons de prix, notre homme oublia le chemin des écuries royales. Par des sentiers de chèvres, il gagna la frontière espagnole et vendit pour quelques misérables centaines de francs les nobles animaux confiés à sa garde. Cette erreur de route lui valut deux ans de prison.

Comme tous leurs confrères de la *luna*, Pignerol, le Nantais et Robert Tramps ne sauraient « faire grand », quelque volonté qu'ils en aient. Des fatalités physiologiques, le défaut de culture intellectuelle, les condamnent à une existence précaire, laborieuse et pleine de périls. Tels l'artisan, le petit industriel, que le manque de capitaux et l'insurmontable concurrence des grandes maisons maintiennent dans un état d'infériorité économique, souvent plus douloureux que celui de la masse des salariés. Malthus avait raison : il n'y a pas place pour tous les hommes au banquet de la vie.

Une instruction supérieure, de rares talents de sport, un nom honorable, de belles relations mondaines, me préparaient à une carrière un peu excentrique, je le confesse, mais qui me procure, avec l'inappréciable jouissance d'une liberté sans limites, la satisfaction intégrale de tous mes appétits. Je ne vous exposerai pas ma théorie du mécanisme de l'échange ; vous la connaissez. Artiste, plus qu'il ne conviendrait à un homme de ma race, je parcours le monde au gré de mes caprices ; grisé de sensations multiples et sans cesse renouvelées, je dépense sans compter, puisant, selon mes besoins, dans la bourse toujours ouverte de complaisants capitalistes. Sur une échelle moindre, je ne fais que répéter pour mon compte personnel les opérations financières de tous les faiseurs de Panama, passés, présents et à venir. M'avez-vous compris, *my good friend ?*

— *Yes !* Mais ce petit travail de... compensation offre parfois quelque anicroche : ainsi ce matin, j'aurais pu vous faire...

— Arrêter. Je le sais bien ; mais après ?

— ???

— Le juge m'aurait présenté ses plus basses excuses, et c'est vous que l'on aurait vraisemblablement mis à l'ombre. On n'arrête pas à la légère, sous l'inculpation de vol à la tire, sir Tom Blackball, *esquire*, ami et commensal du *señor Gobernador.* Voici l'heure de la *garden-party* que Son Excellence donne aujourd'hui à la colonie britannique. Voulez-vous m'accompagner ? Je vous présenterai.

— Vous êtes trop aimable, sir Tom, ce sera pour une autre fois. Des affaires urgentes me réclament *plaza Nueva.* Au revoir et à bientôt.

— Quand il vous plaira.

Place Neuve, où d'ailleurs pas un chat ne m'appelait, j'ai assisté à un spectacle qui valait bien la *garden-party* du *señor Gobernador.* Au centre d'un cercle compact de badauds, deux abjects trimards, à la trogne recuite par l'alcool et le hâle, présentent à l'admiration de « l'aimable société » un animal véritablement peu commun. C'est un serpent bicolore. Deux étroites bandes rouge et jaune s'enroulent parallèlement, en spires régulières, de l'extrémité de la queue au sommet du crâne de ce paradoxal ophidien.

« Mesdames et messieurs, crache, de la voix sourde et paresseuse des rôdeurs de barrière, l'un des sacripants, le reptile que nous avons l'honneur de soumettre à votre impartiale appréciation est un rarissime spécimen de la variété presque introuvable du *Coluber bicolor*, signalée par les anciens naturalistes, mais qui, jusqu'à ce jour, avait échappé aux recherches les plus actives des explorateurs. C'est à moi, mesdames et messieurs, qu'était réservée la gloire de retrouver ce *rara avis*, rélégué depuis longtemps, par les savants les plus autorisés, dans la catégorie des animaux fabuleux, fils de la folle imagination de zoologistes de cabinet.

« Au prix de périlleuses excursions dans les régions encore vierges du massif de l'Alpujarra, j'ai pu mettre la main sur ce stupéfiant animal qui, dès les premières convulsions géologiques de notre planète, portait, fièrement incrustées dans le tissu de sa robe écailleuse, les couleurs indélébiles du noble drapeau espagnol.

« Vous daignerez remarquer, mesdames et messieurs, que le reptile que je tiens entre mes doigts n'est pas empaillé, qu'il est vivant, bien vivant, très vivant, » ajoute le cynique *picaro* en promenant autour de l'assistance la bestiole engourdie qui, par intermittences, darde son inoffensif aiguillon.

Un *mail-coach,* descendant des hauteurs de l'Alhambra, coupe brusquement la foule ameutée autour du serpent national ; serré de près par de trop enthousiastes admirateurs, l'infortuné barnum laisse choir son serpent qui disparaît dans un fourré de jambes et de jupes. Les femmes se sauvent en poussant de petits cris de terreur ; des sceptiques, secoués par le rire, se tiennent les côtes à la vue des *tunantes* lancés à la poursuite de leur gagne-pain. L'instant est solennel : le *Coluber bicolor* aurait-il pris la direction des montagnes natales ?

Soudain, des vociférations retentissent : Le voilà ! C'est lui ! Attrapez-le ! Ne lui faites pas de mal ! Ici !... Là-bas !... Plus loin !... Dans le ruisseau !... Je le tiens !... Il échappe !... Arrêtez-le !

Réveillée de sa torpeur, la bête affolée fuit devant le féroce ramas de gamins acharnés après elle, en poussant des sifflements qui font reculer les plus hardis : deux fois, la main du patron luttant de vitesse avec son rebelle pensionnaire s'abat sur sa tête ; deux fois, le souple ophidien s'arrache à l'étreinte et reprend de plus belle son furieux mouvement de reptation.

— L'attrapera ! l'attrapera pas ! répète la foule, mise en joie par ce pourchas burlesque.

— Nom de Dieu de nom de Dieu ! rugit le trimard, écumant de fatigue et de rage, ce salaud a f... le camp !

Hélas ! oui. L'heureux fugitif s'est précipité dans l'inconnu par la bouche d'un égout. Le Génil coule à peu de distance ; espérons que le serpent national pourra dépouiller à loisir, dans les flots limpides de la rivière grenadine, le patriotique barbouillage dont l'avaient barbarement décoré de trop ingénieux *picaros*.

Décidément, c'est le jour des rencontres grotesques.

A quelques pas de la *Plaza nueva*, je me heurte à un gueux digne du burin de Callot. De haute taille, maigre et osseux, bien avantagé en nez, bien fendu de gueule, guitare au poing, ce mélancolique trimardeur soupire d'une voix de rogomme le grand succès des goguettes parisiennes en l'an de grâce mil huit cent soixante : *L'enfant perdu, c'est l'enfant du bon Dieu.*

Jamais chanteur forain ne sut concilier comme celui-ci le respect du texte musical et la reconnaissance due aux « charitables personnes ». Sans ralentir ni précipiter la mesure, le précieux virtuose trouve le temps, au soupir longuement soutenu ou à la pause savamment prolongée, d'embourser sa collecte, tout en glissant au passant généreux un compliment mesuré à la valeur de l'aumône.

Voici la sténographie rigoureuse du refrain de la vieille romance, tel que je l'ai entendu tomber des lèvres de cet incomparable troubadour :

L'enfant perdu que sa mère abandonne,
Trouve toujours...
   — Un *real!* Merci, ma bonne dame.
   ... un asile au saint lieu.
   Deux sous ! vieux mufle !
Dieu qui le voit...
   — C'est moi qui ne vois rien.
   ... le défend de son trône,
L'enfant perdu...
   — Un rond ! T'as pas honte ?
   ... C'est l'enfant du bon Dieu.

— De quoi? de quoi? Ça ne tombe plus? On boude Bibi? Attendez que je vous roucoule du Wagner à l'œil, tas de clampins! Encore un trémolo en sol... C'est bien vu?... bien entendu?... Personne ne dit mot?... Bonsoir la compagnie : je vas boire !

Sur ces dédaigneuses paroles, le bohème a rejeté d'un geste sec sa guitare en arrière, et, le pas traînant, avec un balancement canaille des épaules, s'est perdu dans la foule compacte de ses auditeurs désappointés.

Deux cents kilomètres me séparent de Lorca, station extrême du chemin de fer de Murcie-Alicante. C'est l'heure de chausser les talonnières de Mercure aux pieds légers. Les *serenos* chantent minuit quand je m'engage sur la route escarpée et tortueuse qui s'allonge fastidieusement dans l'ombre jusqu'au *pueblo* de Diezma, où j'arrive aux premières clartés du jour. Le village dort encore. Je cogne sans façons à la porte d'une taverne placée sous le vocable de l'illustre saint Jacques, patron vénéré de toutes les Espagnes.

— Qui va là ? grogne-t-on du dedans.
— Un voyageur.
— Allez au diable !

Familier avec les habitudes de *far niente* de messieurs les Andalous, je tambourine une marche barbare sur l'huis de cette boutique inhospitalière.

Le patron paraît à la fenêtre, et, d'une voix courroucée, me jette à la figure un boisseau d'imprécations. Je hausse la voix, l'homme crie plus fort ; je menace, il riposte. Bref, après vingt minutes d'injures réciproques, le maître de céans daigne ouvrir sa porte et me servir un verre de tord-boyaux, tout en grommelant contre ces gêneurs d'Anglais. Attrape, John Bull !

Au delà de Diezma, commence une immense plaine de formation lacustre, curieusement sculptée par les eaux sauvages. D'énormes îlots de roches, baignés par de maigres *barrancos*, souvent à sec, présentent de loin l'aspect de monstrueuses cités pélasgiques. Les naturels de cette singulière région se taillent à peu de frais, dans ces masses gypseuses, d'insalubres tanières que leur nature même met à l'abri de l'incendie et de toute rente foncière. Guadiz et Baza, opulentes cités à l'époque de la domination arabe, aujourd'hui dépeuplées et mortes, témoignent encore, par leurs ruines, de la brillante civilisation de cette terre déchue, qui n'a gardé de ses splendeurs d'autrefois que la remarquable beauté de ses femmes.

De rares voyageurs se hasardent sur la route, de réputation équivoque, qui, de Cullar-de-Baza, s'ouvre hardiment passage au travers des escarpements de la *Sierra* Maria. Cette voie vertigineuse, coupant des contrées arides et désertes, semble empruntée à un désolant paysage lunaire. Je n'y ai pas seulement rencontré de cantonniers. A quelle mystérieuse intervention attribuer le parfait entretien de cette route paradoxale? Mais pourquoi chercher le mot de cette irritante énigme? L'Espagne n'est-elle pas la terre par excellence de toutes les impossibilités politiques et administratives?

Le ciel, qui depuis mon départ de Grenade ne s'est pas départi d'une imperturbable sérénité, se met à broyer du noir. Les cimes environnantes s'encapuchonnent de nuages livides qu'un souffle de tempête roule dans l'atmosphère saturée d'électricité. Un formidable coup de tonnerre prélude au feu d'artifice que les malicieux génies, gardiens de ces montagnes, s'apprêtent à tirer en mon honneur. Rien ne manque à cette débauche de la nature : canonnades, feux de salves, combinaisons pyrotechniques éblouissantes, trombe, grêle, transformation à vue du chemin en rivière navigable. A demi noyé, je me réfugie sous un ressaut de rocher où je me propose d'attendre la fin de l'orage, quand je découvre, de l'autre côté de la route, une bâtisse lépreuse qui paraît abandonnée. Je cours vers ce port de salut, ancienne *posada* ou peut-être repaire de bandits, aujourd'hui déserte et en ruine.

J'entre. La salle du rez-de-chaussée est vide. Je grimpe à l'étage supérieur par une échelle vermoulue et branlante. Absence totale de locataires. L'immeuble est entré par voie de délaissement dans le domaine public. Je suis chez moi. A la rouge clarté d'un ardent brasier, généreusement alimenté avec des fragments du plancher et de la charpente, je fais la revue des inscriptions et des images charbonnées sur les murs de la *venta*. Les dessins obscènes, avec ou sans légende, dominent. Depuis le temps où les soldats de Pompeï décoraient leurs corps de garde des infâmes esquisses qu'on y voit encore, l'art et l'écriture ithyphalliques n'ont pas fait de progrès appréciables. L'âme et la patte du « cochon romain » différaient peu de celle du « porc gaulois », mon contemporain et mon frère ! Je déchiffre de nombreuses mentions de passage. Il y en a de niaises, de pompeuses, d'ignobles.

Eugène Brisquèt, ex-caporal-fourrier au premier régiment de voltigeurs de la garde impériale, est passé ici, le quinze avril 1867, dans une débine complète.

Au-dessous, une ordure à l'adresse de Sa Majesté Eugénie de Montijo.

Henriot, dit d'Artagnan, a couché dans cette auberge, avec sa troupe de marins naufragés, le 21 octobre 1878.

Mort aux vaches !

Plus loin, une perle : *Marius, le Rempart de la Camargue, et Ovide Lambrusque, dit la môme, sa petite femme, 1889.*

Au bas, un cœur transpercé.

Un trimard moraliste a marqué son passage par des maximes de son crû, gravées au couteau dans l'épaisseur du mur de la ruine.

« *Si les voyages forment la jeunesse, ils déforment considérablement la chaussure.* »

« *Le malheur est une école qui n'a jamais corrigé personne.* »

« *Le trimard est un agent de civilisation.* »

« *Danton disait vrai : Il serait difficile d'emporter la patrie à la semelle de ses souliers, quand on ne chausse que des espadrilles.* »

Ces réflexions judicieuses de ce La Rochefoucauld de la *tuna* sont modestement signées : *Marchavec*.

La nuit est tombée. Je me prépare à tromper la faim et l'impatience par quelques heures d'un mauvais sommeil, quand, à travers les mille bruits de la tempête, sonne la note vibrante et gouailleuse d'une chanson de marche :

Un jambon de Mayence,
V'la qui s'annonce déjà bien.
A ce festin il ne manquera rien,
Car j'aperçois deux jambons de Mayence...

Je vais au-devant de l'hôte inespéré que la Providence m'adresse.

— Halte ! commande la voix impérieuse d'un brigadier de gendarmerie qui, fusil sur l'épaule, fait irruption dans mon château de misère. Derrière lui, s'agite confusément dans l'ombre une troupe d'hommes enchaînés, escortés par quatre gendarmes. Ce convoi de gueux déguenillés, trempés et cyniques, apparaissant soudain sur le seuil de cette masure, me donne l'impression douloureuse d'une eau-forte de Goya.

A coups de crosse, les hommes de l'escorte finissent par ranger autour du foyer les malheureux confiés à leur garde. Quelques prisonniers, rompus par une longue étape, s'endorment sur la terre nue ; d'autres fument des cigarettes, ou murmurent d'une voix chevrotante d'ignobles chansons de bagne.

Deux Français se trouvent, hélas ! mêlés à ces misérables. Le premier, indigne descendant d'une famille historique du sud-ouest, a servi autrefois dans notre armée. Officier de l'état-major de don Carlos, ce gentilhomme mène depuis la fin de la guerre civile la dégradante existence du *picaro*. Mêlé à une obscure affaire de faux, il roule de prison en prison, en attendant une instruction judiciaire qui viendra... quand? Son camarade, vieil habitué des centrales, est en route pour le *presidio* de Carthagène, où il va purger une condamnation à dix ans de travaux forcés pour vol avec effraction.

Malgré de récentes et timides réformes, l'organisation de la justice criminelle est une des plaies vives de l'Espagne contemporaine. Des Cours sans attributions nettement définies, des procureurs, ou *fiscaux*, à pouvoirs illimités, des gouverneurs de provinces, maîtres absolus de leur administration, appliquent concurremment la loi pénale avec une monstrueuse fantaisie. Nulles autres garanties de procédure régulière pour le prévenu qu'une position sociale élevée, ou la protection de tel personnage influent. Un abominable bandit, convaincu d'assassinat ou de viol, ne fait que passer dans les geôles royales, alors que de simples vagabonds, des escarpes de petite marque ou des citoyens soupçonnés d'affiliation aux sociétés secrètes, expient par des années d'emprisonnement, et même par une détention perpétuelle, des délits dérisoires ou des crimes imaginaires.

Les lugubres annales des tribunaux espagnols pullulent d'histoires d'innocents morts dans les cachots après de longues années de tortures, sans avoir jamais subi l'interrogatoire d'un magistrat instructeur, ni comparu devant aucune juridiction. Tel l'homme écroué entre en prison, tel il en sortira, si jamais il en sort. Si sa bourse est vide, si des amis ou des parents ne s'intéressent à son infortune, ses vêtements s'en iront en lambeaux, la vermine le dévorera vivant, et l'Administration pénitentiaire n'aura pas la pitié de lui jeter une chemise pour cacher sa nudité.

Dans la plupart des maisons d'arrêt, le détenu touche cinquante centimes par jour pour ses frais de nourriture et d'entretien, somme insuffisante, même dans un pays où la vie animale est à très bas prix. Si l'accusé est riche, le gardien-chef, ou *alcaide*, ne lui refuse aucun adoucissement : bonne table, livres, jeux, promenades nocturnes et visites discrètes aux tripots et aux maisons galantes. Quand la provision du *distinguido* criminel est descendue à un minimum inquiétant, le cynique geôlier ramène son protégé au régime commun.

Parfois, les prisons, bondées jusqu'à la gueule par le flot grossissant des nouveaux détenus, menacent de vomir le trop-plein de leur misérable population. Alors intervient l'administration provinciale, qui procède à la vidange de ces égouts sociaux au moyen de l'ingénieux mécanisme de la *conduccion*.

A l'aveuglette, l'autorité civile forme des colonnes de prisonniers ou *conducciones*, qu'une escorte de gendarmes va poussant sur les grands chemins, prenant deux hommes ici, en laissant trois plus loin, remplissant les vides d'une *carcel* avec l'excédent de sa voisine. Nombre de ces malheureux transférés meurent en route de privations et de fatigue. Le cadavre, détaché de la chaîne, va pourrir au fond d'un trou creusé à la hâte dans le champ voisin. *Requiescat in pace*, et en marche !

C'est à une *conduccion* que j'ai l'honneur d'offrir l'hospitalité.

L'un des prisonniers, que les gendarmes ont

eu l'humanité de soustraire au contact affligeant de ses infâmes compagnons de chaîne, me trace l'émouvant tableau de ses misères.

Il était directeur d'une importante exploitation agricole de la Catalogne, quand, soupçonné de vagues menées révolutionnaires, il fut enlevé, il y a quatre ans, de son domicile, et incarcéré sans instruction préalable ni simulacre de procès. Depuis cette époque, il a couru l'Espagne de *conduccion* en *conduccion*, mêlé à la tourbe des malfaiteurs.

« Voilà plus de six mois, ajoute avec un rire amer le suspect, que Sa Majesté Christine a daigné m'accorder ma grâce sollicitée à mon insu par ma famille et des amis politiques : six mois s'écouleront peut-être encore avant que les argousins de Madame la Régente m'aient définitivement rendu à la liberté.

« A prix d'argent, j'ai acheté les complaisances de la chiourme, mangé presque à ma faim, changé quelquefois de linge ; mais comment vous dire l'horreur des tortures de camarades infortunés, livrés sans défense aux procédés barbares d'une administration gothique? Regardez, je vous prie, à vos pieds, ce paquet de guenilles gisant sur le carreau boueux. Sous ces loques repoussantes, grouillant de vermine, palpite et souffre une frêle créature humaine. C'est un enfant. Quel âge a-t-il ? Où est-il né ? Un village sans nom, d'un pays inconnu, est le seul souvenir qui lui reste de sa première enfance. On le suppose Navarrais à son accent, et ses impitoyables camarades l'ont baptisé *Perro Chico* — petit chien. Quels sont ses crimes ? La misère native, l'ignorance, l'abandon ! Depuis quand roule-t-il sur les chemins, à la suite des *conducciones ?* La justice n'en sait rien, ni lui, ni personne. La patte crochue du pouvoir s'est abattue sur ses pauvres chairs meurtries : elle ne lâchera plus sa proie. Herbe souffreteuse, poussée entre les pavés humides des geôles, *Perro Chico* a grandi en prison ; il y mourra.

« De telles iniquités, citoyen, n'ont pas d'excuse. Aussi, quand vous verrez — et nous le verrons, croyez-moi — les palais flamber derrière les rois fuyant éperdus vers l'exil, et qu'au-dessus des flots grondants du peuple en révolte, des hommes, rouges de sanglantes besognes, brandiront au bout de leurs piques des têtes livides de politiciens, de magistrats, de prêtres et de capitalistes, refoulez la pitié au plus profond de votre cœur. Laissez passer la justice des misérables, et dites-vous que les vengeurs du Catalan et de *Perro Chico* n'ont pas outrepassé la légitime réparation qu'ils devaient à leurs frères martyrs. »

Les premières pâleurs du matin blanchissent les murs de la masure ; le chef du convoi donne l'ordre du départ.

Farouches, la face blême, l'œil luisant de fièvre, les prisonniers se reforment paresseusement en colonne, et, d'un pas gauche et roide d'automates, reprennent, l'échine basse, le chemin de leur ignominieux calvaire.

La *cadena* disparue, j'ai eu la fantaisie de crayonner, sur le mur du refuge que je vais bientôt quitter, cette haute et consolante pensée de Joseph de Maistre, évoquée par la terrible confession du socialiste catalan : « Il « n'y a pas de gouvernement qui puisse tout. « A côté de toute souveraineté, il y a une force « quelconque qui lui sert de frein. C'est une « loi, c'est une coutume, c'est un poignard ; « mais c'est toujours quelque chose. »

X

Voyage au pays des miracles. — Le jugement de Salomon. — Le grand steppe. — Souvenirs d'Italie. — Charité mondaine. — Coin d'Orient. - La galère. — Un homme politique. — Les frères quêteurs. — « Allons, enfants de la Patrie ! »

Une fâcheuse nouvelle me surprend à Lorca : la crue subite d'un torrent vient de couper la voie du chemin de fer de Murcie. Attendre le rétablissement de la circulation des trains serait aussi téméraire que de compter sur le paiement de coupons de la rente turque pour payer son tailleur. Je suis à dix lieues de Caravaca, pèlerinage célèbre parmi les fameux. Si j'allais à Caravaca ? Tous les sentiers mènent à Rome et... à Murcie.

La ville sainte commande un interminable plateau qui rivalise de fertilité avec les sables du désert saharien. Il fallait l'intervention directe du Tout-Puissant pour faire sortir une ville de ce sol rocailleux, tourmenté et aride, taché de maigres oasis de sparte souffreteuse. Né du miracle, Caravaca vit du miracle. L'exploitation régulière des pèlerins accourus de tous les points de l'Espagne vers ce lieu d'élection divine constitue le plus clair revenu de ses habitants. Chaque année, le commerce local débite sur place ou expédie par quintaux dans le monde catholique d'assez curieuses croix byzantines dont l'attouchement opère, paraît-il, les cures les plus merveilleuses.

C'est au cours de mon pèlerinage aux villes saintes du grand steppe de Murcie que j'ai été conduit, appuyé sur une série d'observations antérieures, à formuler la loi des manifestations supra-naturelles de la Divinité et de ses agents immédiats. Je la donne, d'ailleurs, pour ce qu'elle peut valoir, et sous bénéfice d'inventaire. La voici : *Le nombre et l'énergie spirituelle des miracles sont en raison inverse de la densité de la population et du degré de culture intellectuelle du milieu où ils se produisent.*

A toutes les périodes de l'histoire, en effet, les plus hautes personnalités de l'état-major céleste ne prennent terre qu'aux temps de crises sociales, au plus profond de forêts impénétrables, dans des grottes inaccessibles, d'obscures cellules de monastères besoigneux, réservant avec une précaution jalouse la contemplation de leurs faces augustes à des bergers imbéciles et à des religieux névropathes. Au Monserrat, la Très Sainte Vierge apparaît à deux rustres mystiques ; à Lourdes, Rocamadour, la Salette, ce sont des pastoures innocentes qui confabulent avec la Dame des Cieux ; vers l'an mil, lisons-nous dans un précieux manuscrit de la bibliothèque Saint-Victor, « une nonnain de Poissy, étant en mal d'enfant, reçoit la visite de sainte Gertrude » ; plus tard, sainte Thérèse, Marie Alacoque et cent autres hystériques se pâment sous les caresses de Jésus, leur divin amant. C'est invariablement aux simples et aux âmes malades que la Providence daigne accorder de tels avancements d'hoirie sur leur part de paradis. Ne faut-il pas que les Écritures s'accomplissent : Heureux les pauvres d'esprit !

Deux autres cités miraculeuses, voisines de Caravaca, se disputent la clientèle dévote. A Cehegin, des moines, d'une politesse d'ours, montrent dans la chapelle de leur communauté une *madre de Dios*, transportée, on n'a jamais su d'où, ni quand, par un vol de chérubins. Cette poupée qui sourit d'un air imbécile sous son diadème étincelant de pierreries est souveraine dans les cas de stérilité, m'affirme le jeune et robuste moinillon qui me fait les honneurs de son usine à miracles. Je le crois sans peine. Frère Jehan des Entommeures, clerc jusqu'aux dents en matière de bréviaire, n'a-t-il pas dit que « seule l'ombre du clocher d'une abbaye est féconde ».

Le christ de Morotalla — *cristo de los rayos* — ou de la foudre, a été autrefois, très authentiquement du reste, frappé du feu du ciel, qui a marqué son passage sur les chairs sanieuses de cette énorme figure patibulaire par de noires et profondes balafres. Si ses mérites répondent à sa laideur, le Christ foudroyé doit faire des prodiges.

Je vais quitter la ville miraculeuse quand l'enseigne d'une *posada* me cloue sur place. Sur le fond bleu outremer de la façade, le Velasquez du crû a essayé de retracer en détrempe le jugement de Salomon. Le soleil a dévoré ce chef-d'œuvre de ses chaudes morsures; des mains errantes, des casques sans tête, des genoux suppliants, des torses informes, quelque lambeau de draperies, témoignent encore des intentions de l'artiste. Seul survivant de cette scène de carnage, un grand chenapan, cuirassé de jaune de chrome, soulève à bout de bras le marmot en litige. Mais il était écrit que cet infortuné gamin jouerait jusqu'à la consommation des siècles son rôle de victime. Est-ce un fœtus, un cochon de lait, un lapin que l'infâme décorateur a laissé tomber de sa brosse? *Quien sabe?* Il faudrait toute la sagesse de feu Salomon pour décider de ce point délicat.

Par aventure, la cuisine de l'auberge vaut mieux que son enseigne.

La nappe est blanche, la vaisselle presque essuyée, les mets mangeables et le vin naturel. Un rémouleur ambulant, Auvergnat de nation, gris comme un peloton de lanciers polonais, vient me présenter ses compliments. Je noie la faconde de l'assommant Arverne dans des flots de spiritueux.

Paresseusement adossé à un large fauteuil d'osier, le maître de céans, gros homme à face apoplectique, savoure dévotieusement de minces tranches de tomates crues saupoudrées de sel ; attablés autour d'un escabeau circulaire, des muletiers silencieux et graves puisent à tour de rôle de maigres cuillerées dans un plat de riz. Éventail au poing, l'hôtelière fait une chasse sans merci à l'essaim tourbillonnant des mouches ruées à l'assaut de la trogne rubiconde et suante de son seigneur et maître.

On voit que les Arabes ont passé par là.

Le steppe de Murcie, le plus vaste des déserts qui déshonorent l'Espagne contemporaine, s'étend presque sans solution de continuité du rivage méditerranéen aux premiers rameaux de la *sierra* de Sagra, et n'offre qu'une succession confuse de collines escarpées et de vallées tortueuses ravinées par des cours d'eau sans débit régulier. Tout manque à cette pauvre terre abandonnée : les arbres, les oiseaux, le gibier, l'homme. La population s'est retirée sur les minces bandes fertiles courant le long des bords du Segura et du Sangonera, rivières traîtresses aux crues subites, désastreuses. Sous ce climat africain, où l'on passe brusquement de l'hivernage à la saison sèche, les oasis disséminées à de longues distances sur l'immense surface de ce désert produisent en abondance des céréales de choix, des oranges, des dattes, du coton, dont une culture plus intelligente et un système régulier d'irrigations tripleraient le rendement. Comme dans tous les autres cantons stériles de la péninsule, l'état d'effrayante nudité du sol et l'inimaginable misère d'une population raréfiée n'ont d'autres origines que la concentration de la propriété dans un petit nombre de mains et la dévastation sauvage du domaine forestier.

Sur la foi d'un *Guide*, je ne dirai pas lequel, j'ai poussé à travers un odieux pays jusqu'aux célèbres bains d'Archena — c'est le *Guide* qui parle. — Cette station thermale n'est point un mythe, et je demeure convaincu de l'excellence thérapeutique de ses eaux — mais je n'y ai pas rencontré un seul malade. — Un instant, j'ai cru qu'il en faudrait venir aux mains pour obtenir du gérant de cette ridicule station balnéaire l'insigne faveur de me plonger dans la piscine, où je ne courais pas d'ailleurs le risque de prendre la gale de mes voisins.

A quelques kilomètres de cette ville d'eaux, une averse de grand style a complété ma cure. Après le bain chaud, la douche froide : j'en ai eu pour mon argent, et au delà.

Dans une *venta* de la route, j'ai fait la rencontre d'un joueur d'orgue de Barbarie. Cet artiste est Italien et poitrinaire. Clopin-clopant, le malheureux marche à petites journées vers Murcie, où il espère finir sa vagabonde existence dans un lit d'hôpital.

— *E finita la comedia !* murmure avec résignation le pauvre diable ; avant l'hiver j'aurai craché le dernier lobe de mes poumons. Un regret gâte cependant la perspective d'une mort que je sais devoir être douce. J'aurais voulu vendre mon moulin à musique et en envoyer le prix à ma sœur dont les marmots brament de faim dans mon beau pays de Toscane. Pas un acheteur ne s'est présenté. Croyez-vous, monsieur, que j'ai eu la faiblesse de l'offrir pour vingt francs ? Il faut que ces gueux de Murciens n'aient pas le sou, pour laisser fuir une pareille occasion. Un orgue signé du fameux facteur Zucconi, de Sienne!

La rencontre de l'un des sujets de Sa Majesté Humbert est toujours pour moi une bonne fortune. L'Italien n'est jamais banal; souvent spirituel, son vif sentiment de l'art s'épanche en mille traits d'une forme imprévue et ornée qui ne doivent rien à l'opinion courante, ni à l'argot du jour. L'allégorie des moutons de Panurge ne saurait s'appliquer aux séduisants petits-fils de Pasquino, juges originaux et piquants du nuage qui passe, du parfum qui flotte, du vent qui vient à travers la montagne, de la partition en vogue et du dernier discours de M. Crispi.

Ne demandez pas à cette race nerveuse d'artistes « ondoyants et divers » le respect de la foi jurée, la dignité fière et le courage militaire de l'Espagnol. Son patriotisme, si vivace, n'est lui-même qu'une manifestation de l'esthétique nationale. Chassé de son pays par la famine, l'ouvrier italien garde au cœur un profond amour de la terre natale que l'exil et le temps ne font qu'exalter davantage.

Interrogez le chercheur d'or des *placers* australiens, le *saladero* des pampas de la République Argentine, le petit ramoneur, le modèle, le marchand de figurines de nos boulevards. Tous attendent avec une fébrile impatience l'heure bénie où, la valise pleine de gros sous amassés au prix de dures privations, ils toucheront le sol de l'*Italia bella*, cette patrie de toutes les merveilles et de toutes les gloires, la plus noble, la plus sainte de toutes les patries.

De près ou de loin, riche ou pauvre, l'Italien s'intéresse à la politique de son pays, sait régulièrement ce qui se fait, se dit, s'imprime, se chante dans les centres intellectuels et artistiques de la péninsule. Ce peuple d'improvisateurs alertes et de nouvellistes quand même semble avoir pris pour devise cette contrefaçon de la célèbre pensée de Térence : *Italianus sum, et nihil Italiani a me alienum puto.*

Il y a quelques années, dans la diligence qui nous ramenait de Castellamare à Naples, un voyageur pauvrement vêtu et d'assez basse mine se prit de conversation avec moi. L'inconnu parla longtemps, et très bien, ma foi, de la triple alliance, de la crise économique, du congrès anarchiste tenu récemment à Copolago, du futur Conclave, que sais-je ? Avec une verve toute napolitaine il traça de mordantes esquisses des hommes politiques du jour, et résuma avec un rare bonheur d'expressions les idées de derrière la tête de MM. Crispi, Giliotti, di Rudini, Cavallotti. Cet intarissable discoureur commençait un exposé de ses plans personnels de réformation sociale, quand je m'avisai, malencontreusement, de jeter sous la banquette du véhicule le bout de cigare que je tenais aux lèvres.

D'un geste souple de singe, l'orateur l'aggrippa au passage et, après avoir tiré deux solides bouffées du juteux *mégot*, continua :

— Je vous disais donc, monsieur, que l'encaisse métallique de la Banque d'Italie...

— Vous m'excuserez, citoyen, fis-je brusquement ; un mot, s'il vous plaît ?

— Tout à votre service, *signore*.

— Monsieur est sans doute journaliste, député, peut-être ?

— Moi, député ! riposta l'autre dans une

joyeuse fusée de rire, *no, signore ; io sonno fabbro de pizziconi* — je suis cloutier.

Mon joueur d'orgue paraît aussi ferré que le cloutier napolitain sur les questions de politique et d'économie, mais de violentes quintes de toux hachent malheureusement ses confidences sur le misogallisme et l'*Italia irredenta*.

Bonheur extrême ! le chef-d'œuvre du facteur Zucconi de Sienne n'est pas atteint de l'incurable tuberculose qui ravage les poumons de son propriétaire, et renferme dans ses flancs poussiéreux un répertoire varié : le *beau Danube Bleu*, la *Mascotte*, d ma *Juanita*, le *Barbier de Séville* et le *Bal masqué*. Pendant une heure je tourne la manivelle du moulin à musique, au grand désespoir du *tabernero* qui mâchonne entre ses dents : « Ces Italiens sont d'amusants compères, mais par Notre-Dame-de-Cehegin ! le diable lui-même n'entendrait rien à leur... gueuse de musique ».

La nuit approche ; je passe l'épaule dans la bretelle de l'orgue et j'entraîne l'artiste ambulant jusqu'à un petit village où nous faisons halte. Le curé de ce chétif hameau, vénérable bonhomme presque centenaire, vient me rendre visite à la *posada*. Ancien carliste militant, il a autrefois traversé Bordeaux après l'insurrection de mil huit cent trente-trois, et baragouine le français.

— Comment se porte Monseigneur de Cheverus? me demande ingénument ce saint ecclésiastique.

— Assez bien pour son grand âge, monsieur le chanoine. — En Espagne, l'on donne du chanoine au plus obscur des prestolets.

— Il doit être bien vieux?

— Oui, très vieux.

Je n'ai pas cru devoir troubler la sérénité d'âme de l'ancien soldat de don Carlos en lui apprenant la mort de l'illustre archevêque de Bordeaux, survenue en... mil huit cent trente-six.

Instruit de la situation lamentable de l'Italien, l'excellent curé me promet d'expédier franco le joueur d'orgue jusqu'à l'hôpital de Murcie. Que cet acte de charité puisse valoir à ce digne serviteur du Christ les heureuses années de vieillesse du patriarche Mathusalem!

J'ai rapidement descendu la vallée du

Segura par des sentiers fleuris de grenadiers et d'orangers. Les Murciens ont une mauvaise réputation dans le reste de l'Espagne. On les dit querelleurs, paresseux et cruels. Graves et froids, dépourvus de tout esprit d'initiative, suant le fatalisme oriental à pleine peau, les riverains du Segura sont tout simplement des Arabes que les Castillans ont oublié de chasser de l'autre côté du lac méditerranéen, après la défaite définitive de l'Islam.

Grande ville triste, Murcie n'a de remarquable que la sérénité de son ciel et la beauté de ses fertiles jardins. Souvent dévastée par les inondations de sa rivière, la plaine de Murcie ne s'est pas entièrement relevée des ruines accumulées par la crue tristement mémorable de mil huit cent soixante dix-neuf. L'Europe vint alors au secours des victimes de l'inondation; des souscriptions recueillies, une grande partie fut consacrée à la reconstruction des immeubles détruits par le terrible fléau. Malgré les sommes considérables encaissées par le Comité français, la part de notre pays n'a pas laissé de traces appréciables dans cette œuvre de solidarité humaine. Il est à supposer que le plus net du montant des souscriptions et des recettes des fêtes de charité, organisées en faveur des victimes du Segura, servit à régler les notes de couturière des dames patronnesses et à offrir des casquettes d'honneur à quelques... philanthropes de la presse boulevardière et bien pensante.

Orihuela, Crébillente, Elche, coquettes cités aux blanches terrasses noyées dans des bosquets d'orangers et de palmiers, « sentent fort leur Afrique ». L'œil, brûlé par la poussière éblouissante de routes serpentant à travers des terrains fauves, calcinés par un soleil implacable, s'attend à chaque minute à l'apparition d'une caravane ou d'une chevauchée de Bédouins. L'absence de rivières achève de donner à ce coin une saveur tout orientale.

L'admirable oasis d'Elche n'est guère qu'à deux cigares d'Alicante, mais l'inquiétante perspective d'une étape sous l'aveuglante clarté d'un ciel sénégambien m'a poussé sous l'arceau de toile d'une *galère* faisant le service du courrier. Ces atroces véhicules, essentiellement composés d'un cadre de bois maillé de cordes de sparte et monté sur quatre roues sans ressorts, ne sont pas, comme leur nom semblerait l'indiquer, destinés au transport des galériens, mais à celui des honnêtes gens, qu'ils ne déposent à destination qu'à l'état lamentable de paquets inertes et démantibulés. L'estrapade du moyen âge et le *passage à tabac* de nos modernes policiers sont des exercices de pure hygiène auprès du supplice de la galère.

Trois voyageurs m'ont précédé sur les bancs étroits de l'appareil de torture : une puissante commère au fessier débordant, un terrien banal, et un chanoine ventru.

Au mouvement de recul et à la mine méprisante du papelard, il m'a semblé voir couler l'ordure que ce prêtre ignare et fanatique vomit à l'adresse du « Français ».

— J'en ai autant à votre service, monsieur l'abbé.

Cette politesse, sèchement formulée, a fait rentrer le nez du *capellan* dans son bréviaire. Il m'a compris.

Déjà la *galère* file bon train sur la route poudreuse, quand un voyageur s'accroche hardiment au marchepied. Ce quidam, brun et robuste gaillard, à la face anguleuse et glabre, porte l'ancien costume des gens de la *huerta* de Valence : pantalon court à plis flottants, gilet de velours garni de gros boutons d'argent, passé sur la chemise de toile, ceinture bleue, cnémides de laine et *alpargatas*. Une pièce d'étoffe bariolée, que les Valenciens appellent *capa de muestra* et portent sur l'épaule, complète l'accoutrement pittoresque de ce personnage coiffé du large *sombrero* de feutre posé sur un foulard noué autour de son crâne rasé de frais.

J'ai sorti de ma poche un numéro du journal de Pi y Margall, *la Republica*, que j'essaie de déchiffrer malgré les cahots de la guimbarde.

— *Buen diario !* — bon journal — murmure l'homme de la *huerta*.

Je fais le geste de lui passer la gazette.

— Merci... c'est inutile, j'étais républicain dès le ventre de ma mère. Oui, continue le paysan sans s'émouvoir du regard enfiellé de l'ecclésiastique, je suis républicain, et, sans me vanter, j'ai donné des preuves non équivoques de mon attachement aux idées démocratiques.

Les Valenciens causent volontiers, et le mien ne s'est pas fait tirer l'oreille pour me raconter divers épisodes de sa vie politique. J'en ai retenu un.

« Je vous l'ai déjà dit, *señor*, les républicains sont nombreux dans mon *pueblo* de Garrobo del Jucar, et votre serviteur Bautista Muñoz n'a jamais manqué depuis vingt ans d'affirmer ses principes révolutionnaires. Vers mil huit cent soixante-douze, au moment où l'insurrection carliste menaçait de gagner les provinces du midi, un de mes voisins, chef indiscuté du parti libéral du lieu, Leandro Cascabel, réunit quelques amis et voici ce qu'il leur proposa :

« Les carlistes s'agitent à Valence, dit-il, et je crois que le Gouvernement ne verrait pas d'un mauvais œil une manifestation armée des républicains de la province sous les murs de cette grande cité, foyer ardent de la réaction. Prenons nos fusils, et courons montrer aux *cancrejos* — modérés — et aux carlistes de quel bois se chauffent les vaillants démocrates du *pueblo* de Garrobo.

« Tous les citoyens présents au conciliabule, ou presque tous, opinèrent carrément pour la prise d'armes. Je fus de ceux-là. Sans réfléchir davantage, je rentrai au logis et, après avoir fait provision de *douros*, je décrochai ma vieille escopette et rejoignis les camarades. Naturellement, nous élûmes pour chef l'ingénieux promoteur de la *sublevacion*, le citoyen Leandro Cascabel.

« L'on mit huit jours pour franchir les quatre-vingts kilomètres qui séparent Garrobo de Valencia. A Monforte, un punch patriotique, offert par les libéraux, nous retint vingt-quatre heures ; plus loin, des réquisitions opérées de force dans un *pueblo* récalcitrant durèrent deux mortelles journées.

« En citoyen qui sait sa guerre civile, notre général faisait de longues haltes dans toutes les *ventas*, *estancos* et auberges de la route. « Mangez, buvez, fumez, mes enfants, nous criait le prodigue Léandro ; ne vous gênez pas, prenez des forces en prévision des combats à venir ». Aux légitimes réclamations des pauvres industriels ruinés par le passage des volontaires de la République,

Cascabel répondait par une libérale distribution de bons de réquisition payables, au vu de sa signature, sur le Trésor National, et, selon les cas, par de solides coups de crosse dans les reins des mécontents. A Enguerra, notre commandant nous mit en garnison chez des filles publiques qui furent réglées de leurs frais et offices divers de la façon que vous savez.

« Les procédés brutaux de Cascabel et d'une poignée de gueux qui s'étaient rapidement accoutumés à cette existence de trabucaires, me révoltèrent à la fin. « Léandro, dis-je au général, tu me permettras de te dire que jusqu'à présent tu n'as fait que perpétrer en petit les horreurs que les bandes du Bourbon commettent sur une vaste échelle. La République n'a rien de commun avec les mises à sac d'auberges, de bureaux de tabac et de maisons de filles.

— « Tu manigances quelque trahison, gronda Cascabel. Marche droit, ou je te fais fusiller.

« D'escroqueries en violences, nous arrivâmes dans la capitale alors en pleine paix, et il nous fallut vivre de nos deniers en attendant l'audience de Son Excellence le *Gobernador*. Plusieurs de mes camarades étant partis, et pour cause, de Garrobo sans un sou, je fus amené à leur faire des avances, payables, comme les réquisitions antérieures, sur le Trésor Public, et au bout de trois jours je ne logeais plus que le diable dans ma bourse.

« Enfin ! Le gouverneur daigna nous recevoir et voici le speech que nous adressa cet honorable fonctionnaire :

« Au nom du gouvernement de la République, je suis heureux de remercier les citoyens de Garrobo del Jucar de leur manifestation démocratique, tout en leur déclarant que si, demain, au lever du soleil, ma police les surprend dans l'intérieur de la place, ils seront déférés au Conseil de justice militaire et immédiatement passés par les armes.

« Vive la République ! »

« L'avis ne prêtait pas aux malentendus ; aussi notre bande se dispersa-t-elle comme une volée de moineaux. Honteux, l'estomac criant famine, je revins sans débrider, par des chemins de traverse, à Garrobo, où m'attendait une réception glaciale. Ma femme m'accabla d'injures et pendant plus d'un mois se refusa à tout commerce conjugal. Exaspéré par sa résistance, j'étais décidé à... »

Des cris de terreur poussés par nos compagnons de route décapitent la phrase du ci-devant faiseur de *pronunciamientos* : la galère vient de verser dans le fossé. Chacun se tâte ; personne n'a de mal. Seul un écrou du grossier mécanisme de la *galère* demeure introuvable, malgré les recherches et les imprécations du conducteur.

La mise en état du véhicule menaçant de s'éterniser, je souhaite mille prospérités au citoyen Muñoz, et me dirige vers Alicante dont les toitures flamboient à l'horizon.

Deux silhouettes confuses font tache sur la route poudreuse. Bientôt, ces points noirs prennent la forme précise de frères franciscains, qui, sac au dos, la tête à l'abri de larges chapeaux de paille, vont du pas régulier et tranquille de gens étrangers aux agitations de ce bas monde.

— Bonjour, mon frère.
— Bonjour, messieurs.
— Vous êtes Français?

— Oui, mon frère.

— Nous sommes compatriotes, ajoute l'un des disciples de saint François en me tendant la main, et, si rien ne vous presse, je vous serais reconnaissant de prendre part à la modeste collation que je vais vous offrir.

Nous faisons halte à l'ombre discrète d'un ponceau, et le plus jeune des moines, petit homme grassouillet, aux yeux naïfs et à la lèvre gourmande, tire de son sac des tranches de jambon, du fromage, des fruits, du pain et une *bota* — grande poche de cuir — remplie de vin.

— N'épargnez pas nos maigres provisions, me dit l'aimable capucin, et parlez librement. Mon camarade n'entend pas un mot de français; d'ailleurs, c'est un parfait nigaud. Vous ne sauriez vous imaginer, continue-t-il, les misères que nous avons eu à essuyer dans des couvents peuplés de marauds qui, de bonne foi, jugent de leur vocation religieuse par leur amour de la paresse et leurs instincts de paillardise. Aujourd'hui, grâce à Dieu et à la vigueur du père abbé, l'élément français domine, et la monacaille espagnole a fini par se plier à la sévère discipline de notre ordre. Nous ne comptons que des amis dans le pays, et les dames d'Alicante nous choisissent volontiers pour leurs directeurs spirituels.

— La réputation des franciscains comme confesseurs, dis-je, est établie depuis longtemps, ainsi qu'en témoigne le refrain de la chanson populaire :

Père capucin, confessez ma femme,
Père capucin, confessez-la bien !

— *Tu dixisti*, riposte le frère, avec un gros rire. Rien ne manquerait à la paix de mon cœur sous cet heureux ciel d'Espagne, si le souvenir de la patrie ne venait gâter la douceur de mon exil. Quand reverrai-je le couvent où j'ai prononcé mes vœux ? Jamais, peut-être ! Ici, nous ne sommes pas en sûreté. Demain, il nous faudra quitter cette terre hospitalière et nous disperser dans le monde. L'Eglise est terriblement châtiée, mon cher compatriote, et si la grandeur de nos épreuves futures doit se mesurer à celle de ses fautes, les persécutions qui la menacent ne sont pas près de finir. Oublions ces tristesses et buvons au triomphe du Christ et à la gloire de la France.

La *bota* circule de mains en mains, et, bientôt, l'outre dégonflée n'est plus qu'un triste corps sans âme. Mis en gaieté par les libations, la face émerillonnée, l'air béat, le moine espagnol entonne un vibrant *O salutaris.* Ça promet.

— Silence ! fait son camarade d'une voix affectueuse, ce n'est pas l'heure de l'office. Ami, ajoute-t-il en me pressant les mains avec effusion, voulez-vous me faire plaisir ?

— De grand cœur, mon frère.

— Chantez quelques couplets de la *Marseillaise.*

— De... la *Marseillaise ?*

— Oui ! Je suis moine, mais j'ai été soldat. Chantez, je vous en prie, notre hymne national.

Je déclame la *Marseillaise,* que les deux religieux reprennent au refrain.

L'heure des adieux est venue. Je me sépare de mes nouveaux amis. Bras dessus, bras dessous, tout joyeux de leur innocente débauche, dodelinant de la tête et lançant à plein gosier la chanson de Rouget de l'Isle, les bons capucins disparaissent dans d'immenses champs de maïs, et, un moment, j'ai suivi d'un œil attendri le balancement rythmique de leurs larges *sombreros* fuyant comme de monstrueux papillons sur les vagues d'or des épis, au souffle héroïque de la *Marseillaise* prenant son vol dans l'air brûlant et pourpre de ce beau soir de thermidor.

FIN

TABLE DES MATIÈRES

I

Premières étapes. — Les *serenos*. — Il n'y a plus de Pyrénées. — On demande des hidalgos. — Un ami de la France. — Amours de bohème. — *Toros* et *toreros*. — Chez Guignol. — Rue du *Medio dia*. — Gaudissart neveu. — L'opéra national. — La politique et l'armée. — Huc, *espanol !*.. 1

II

Tuna et *lunantes*. — Physiologie du mendiant espagnol. — Les *chineurs*. — Une question sociale. — Au Monserrat. — L'odyssée du coquillard. — Un sophisticateur. — La France en Espagne. — Chimie vinicole. — La Mariolâtrie. — Profils de consuls.................................. 33

III

Le choléra. — Vive la République. — Par monts et par vaux. — Les cordons sanitaires. — Réception armée. — Une femme forte. — Cruelles étapes. — On ne loge qu'à cheval. — La *boleta*....................................... 65

IV

Parameras et *despoblados*. — Châteaux en Espagne. — Hospitalité castillane. — Mœurs politiques. — Le *Campo real*. — Zigzags dans Madrid. — Amours de prince. — L'avocat du Manzanarez. — Quelques Sires. — Au pays de Quijote. — Les Dulcinées du Toboso. — Maquignonnage galant. — Le roman de la *picara*.................... 87

V

Oreste et Pylade. — Chez l'*alguazil*. — L'âme du *lunante*. — Héritage inattendu. — Les scrupules de Vicenta Pipota. — Le calendrier andalou. — Un chef-d'œuvre. — Vandalisme catholique. — Types de touristes. — Duel original. — La maison de Sénèque........................... 135

VI

Le *pavo bailador*. — Aux *Capuchinos*. — Truandaille. — Une vertu théologale. — Le bal des suspects. — Attendez-moi sous l'orme. — Les *Marismas*. — Naufrage. — La chèvre de M. Seguin. — Alerte nocturne. — Terre!.. 164

VII

Vent de *Medina*. — Le cousin de M. Carnot. — « Brigadier, vous avez raison ». — Comptabilité socialiste. — La question agraire. — Un anarchiste. — Chez Figaro. — *Ultimo toro*. — La revanche de Trafalgar. — Mœurs fiscales.. 196

VIII

La *sierra* de Tolox. — Un mot de don Carlos. — De l'utilité des mendiants. — La brèche de *los Gaytanes*. — *El gallo de Moron*. — Beaucoup de bruit pour rien. — Mon ami Juan Carrasco. — Pourquoi les Anglais n'hivernent plus à Malaga.. 224

IX

Un métaphysicien de la *luna*. — Le serpent national. — « L'enfant perdu, c'est l'enfant du bon Dieu ». — A travers la *sierra*. — L'auberge-fantôme. — La *Conduccion*. — Justice et justiciers. — Cruautés administratives. — *Perro Chico*.. 271

X

Voyage au pays des miracles. — Le jugement de Salomon. — Le grand steppe. — Souvenirs d'Italie. — Charité mondaine. — Coin d'Orient. — La galère. — Un homme politique. — Les frères quêteurs. — « Allons, enfants de la patrie ! »... 297

Nantes. — Imp. Émile Grimaud

www.ingramcontent.com/pod-product-compliance
Lightning Source LLC
Chambersburg PA
CBHW070615160426
43194CB00009B/1276